KLEINER

ATLAS DER KULINARIK

MARTINA LIVERANI

KLEINER ATLAS DER KULINARIK

Genussvolle Geschichten aus aller Welt

Vorwort von
NIKO ROMITO

Illustrationen von
ALESSANDRO CRIPSTA

Aus dem Italienischen von
BRITTA KÖHLER und
CLAUDIA THEIS-PASSARO

KNESEBECK

Die Küchen in meinen Träumen.
Wie viele werden es sein?
In meiner Vorstellung und
in der Wirklichkeit.
Auf Reisen, allein, unter
vielen Menschen, zu zweit.
Überall, wo mein Leben sich abspielt.
Und ich bin sicher:
Es werden viele sein.

Banana Yoshimoto
Kitchen — 1991

INHALT

TEIL 02

KULINARISCHE PRAKTIKEN

TEIL 03

RITUALE UND VORLIEBEN

BILDNACHWEIS

VORWORT

Niko Romito

»Atlas« war der Name des Titanen, den Zeus dazu verdammte, die Last der Welt auf seinen Schultern zu tragen. Und seit das Bildnis dieser mythologischen Gestalt Ende des 16. Jahrhunderts das Titelblatt des Werks des flämischen Kartografen Gerhard Mercator zierte, wurde Atlas zur gängigen Bezeichnung für eine Sammlung geografischer Karten. Die ersten echten Themenatlanten entstanden zwar bereits im 19. Jahrhundert, setzen sich jedoch erst seit 1960 allmählich durch. Eine kleine Nische besetzen dabei auch solche, die sich mit der Neubestimmung gastronomischer Grenzen in aller Welt befassen.

In diesem Kontext ist auch das Buch von Martina Liverani zu sehen. Mit frischem, neugierigem Blick und mit Fantasie bricht sie mit den klassischen Grenzen geografischer Karten und begibt sich auf eine Reise durch die Welt von Geschmack und Geselligkeit, und das zu einer Zeit, in der unser aller Denken um Ethik und Nachhaltigkeit kreist.

Das Interesse an der biologischen Vielfalt der jeweiligen Region, am Erforschen der Ausgangsprodukte und Lebensmittel ist das, was meine Arbeit als Koch ausmacht. Meine Küche basiert auf Einfachheit und ist eng verbunden mit meiner Heimat und der italienischen Kultur. Für den Gast, der in meinem Restaurant speist, ist sie sicherlich ein Geschmackserlebnis. Allerdings glaube ich, dass ein Gericht noch weit mehr vermittelt – über unsere Geschichte, unsere Wurzeln, darüber, was wir waren und was wir sind.

Als Koch möchte ich ein Gericht nicht nur ergründen, erforschen und emotional begreifen. Ich möchte auch ein Narrativ schaffen und die Aromen meines Landes mit der Welt teilen. Wenn ich etwa im Rahmen meiner Restaurantprojekte unterwegs bin, treffen diese Aromen auf den Geschmack, auf die Historie und die Traditionen anderer Länder, anderer Welten, anderer Kulturen, und es ergeben sich unerwartete Parallelen. Auf Reisen erschließe ich mir die Kultur und die Wurzeln eines Ortes gern durch das Essen – und das hat nicht nur mit meinem Beruf zu tun, sondern auch damit, dass ich neugierig bin und es spannend finde. Es begeistert mich, wenn ich mich in Portugal an einen Tisch setze und durch den Geschmack des traditionellen *bacalhau* direkt an die typisch italienischen Stockfischgerichte *baccalà alla veneziana* oder *baccalà alla vicentina* erinnert werde. Ein traditionelles Gericht mit anderen Ursprüngen, das trotz einiger Unterschiede zwei Nationen geschmacklich miteinander verbindet.

Dieser Atlas ist für uns Köche und Gastronomen ein nützlicher Kompass in Sachen klassische Landeskunde. Denn wenn man gezielt Projekte umsetzen möchte, um die eigene kulinarische Kultur und Tradition in der Welt zu vermitteln, ist es zweifellos von Nutzen, der gastronomischen Geografie eines Landes auf den Grund zu gehen.

Die Zeit der Pandemie hat einmal mehr gezeigt, dass in der Sprache des Essens und des Geschmacks eine große Kraft liegt und dass das gemeinsame Mahl ein Moment echter, intensiver Geselligkeit ist, den es zu bewahren gilt. In dieser Zeit haben sich Menschen weltweit über die sozialen Netzwerke ausgetauscht, und das Essen, das ohne Frage zu den angesagten Themen gehörte, war mit Gerichten und Aromen direkt aus den Privatküchen überall auf der Erde tonangebend.

Deutet man bestimmte soziale Phänomene, könnte man fast meinen, das Essen mache uns zu einer einzigen großen Nation mit geschmacklichen Gemeinsamkeiten, biologischer Vielfalt und Aromen, die es zu teilen und zu entdecken gilt.

Sie fragen sich, wie fließend die geokulinarischen Grenzen sind? Dann sollten Sie unbedingt in diesem originellen, einzigartigen Atlas blättern, darin lesen und darin schwelgen.

TEIL
01

KOSMOPOLITISCHE GERICHTE

Ein Kosmopolit zu sein heißt, über einen großen Schatz an Wissen und Erfahrungen zu verfügen. Der Kosmopolit ist weit gereist, weiß um die nationalen Besonderheiten eines jeden Landes, akzeptiert und respektiert sie. Er ist ein neugieriger Beobachter, hat einen wachen Blick, war viel unterwegs und liebt es, Neues zu entdecken. Bei einem kosmopolitischen Gericht ist es eigentlich ähnlich. Es ist ebenso durch Zeit und Raum gereist und spiegelt das Wesen, die Instinkte, Gefühle und Schwächen der Menschen wider. Kosmopolitische Gerichte kennen keine Vorurteile, sie besitzen Großmut.

Als der Philosoph Ludwig Feuerbach 1850 den Satz niederschrieb, »Der Mensch ist, was er isst«, ahnte er wohl nicht, dass er in den kommenden Jahren zu einem Schlagwort werden sollte, das sich Werbefachleute, Ernährungswissenschaftler, Köche, Politiker, Schriftsteller und Soziologen zu eigen machen würden. Feuerbach beklagte zwar zeit seines Lebens, dass von seinem Gesamtwerk nur dieser Satz in Erinnerung geblieben sei, doch ist dies natürlich auch ein überaus schlagkräftiger Slogan und er machte damit das Essen zum Fundament von Gesellschaft, Religion und Klassenunterschieden. Hat das Essen doch seit jeher auch die Funktion, Unterschiede zu beseitigen und Menschen zu verbinden. Während man sich heute weltweit auf das Trennende konzentriert, Unterschiede betont und Extreme forciert, wodurch schnell Vorurteile über ein Volk oder einen

Ort entstehen, gibt es keinerlei Zweifel daran, dass das Essen uns alle zu einen vermag. Das Essen bietet uns die Möglichkeit, uns kennenzulernen, uns zusammenzufinden. Essen ist das älteste und modernste aller sozialen Netzwerke. Ein gedeckter Tisch reicht aus, um Beziehungen herzustellen. Essen ist eine universelle Sprache, die keiner Übersetzung bedarf, es ist unser Zugangscode zur Welt. Wenn es also stimmt, dass wir sind, was wir essen, und Essen heute mehr denn je dazu beiträgt, unsere Identität zu bestimmen, es also nicht nur ein aktuelles, sondern für die persönliche und kollektive Entwicklung entscheidendes Thema ist, dann kann der Verzehr derselben Speisen oder ein gemeinsames Essen ein Gefühl der Zusammengehörigkeit und Brüderlichkeit schaffen. Überall auf der Welt ernähren sich Menschen von den unterschiedlichsten Lebensmitteln, es gibt eine unermessliche, unerschöpfliche Biodiversität, die es zu bewahren und zu schützen gilt, gerade weil man noch nicht alle Zusammenhänge und Übereinstimmungen kennt. Und es macht Freude festzustellen, dass einige Speisen, im Gegensatz zu anderen, besonders geliebt und von allen geteilt werden. Und zwar wirklich von allen!

BROT

DAS UNIVERSUM BEGINNT MIT DEM BROT

Mehl, Wasser und Hefe, Zeit zum Gehen und Wärme zum Backen. Von alters her wird Brot aus einfachen, leicht erhältlichen Zutaten hergestellt. Das Gute an solchen Rezepten, die nicht zu viel vorgeben, ist, dass jeder sie nach eigenem Gutdünken und mit den jeweils verfügbaren Ausgangsprodukten umsetzen kann.

Das verwendete Mehl etwa kann aus Weizen (eine der weltweit am häufigsten angebauten Getreidesorten), aber auch aus Mais, Roggen oder Hafer hergestellt sein. Wasser ist glücklicherweise ein Gut, das fast überall verfügbar ist, während bei der Wahl des Backtriebmittels der Fantasie und dem Erfindungsgeist keinerlei Grenzen gesetzt sind, ganz gleich, ob es sich um einen Sauerteig, um Bierhefe, um aus Milch gewonnene Hefe oder Backpulver handelt. Entscheidend für ein lockeres, schmackhaftes Brot ist, dass genug Luft in den Teig eingearbeitet wird.

Obwohl Brot heiß begehrt ist, wurde es in letzter Zeit auch stark vernachlässigt und fiel der industriellen Massenproduktion zum Opfer. Sie sorgte dafür, dass sich nicht nur sein ursprünglicher Geschmack, sondern vor allem seine Funktion und die damit verbundenen Rituale veränderten und der Markt mit allen möglichen Ersatzprodukten geflutet wurde. Zusätzlich abgewertet wurde es durch den Kampf gegen die verteufelten Kohlenhydrate, der in der westlichen Welt tagaus, tagein mit Schlankheitsdiäten geführt wird. Auch deshalb drohte das Brot von unseren Tischen und aus unseren Essgewohnheiten zu verschwinden. Glücklicherweise haben wir jedoch eines begriffen: Wenn uns das Brot abhandenkommt, kommen wir uns selbst abhanden. Und so feiert es nun sein Comeback, mit allem, was dazugehört: Begeisterung für traditionelle Erzeugnisse, Verwendung verschiedener Mehle, Rückbesinnung auf traditionelle Herstellungsverfahren und auf den guten Geschmack. Kurzum, wir entdecken gerade neu, was Brot in vielen Weltkulturen einmal war und noch immer ist: das A und O von Ernährung und Geselligkeit.

Das »neue« Brot

Das wiedererwachte Interesse am Brot weckt gleichzeitig die Hoffnung, dass daraus ein Impuls für die Zukunft entsteht, eine Zukunft, in der Landwirtschaft und Umwelt geschützt werden, in der das Prinzip »Weniger ist mehr« im Vordergrund steht, in der Nahrung als Ausdruck von Gesundheit wieder eine zentrale Bedeutung erhält.

Seit einigen Jahren setzen Brot-, Gebäck-, Pizza- und Sauerteigliebhaber zunehmend auf »Mehle aus alten Getreidesorten«, gewonnen aus Körnern, die nicht gentechnisch verändert wurden, nur um deren Produkteigenschaften zu optimieren. Abgesehen von agrarwissenschaftlichen Aspekten sind diese Getreidesorten aus historischer, organoleptischer und landschaftlicher Sicht von Bedeutung (das Farbspektrum dieser hohen

↑
Ruhender Teig
aus Wasser, Mehl und Hefe

oder zwergwüchsigen Ähren reicht von Gold bis Rot, von Grün bis Dunkelbraun), werden jedoch oft durch ertragreichere und damit für die Großindustrie preisgünstigere Sorten verdrängt. Die Wiederentdeckung der alten Getreidesorten und die Wahrung der biologischen Vielfalt, die ohne Frage positiv zu bewerten ist, hat einen weiteren wertvollen Denkanstoß gegeben, und zwar den, Getreide im Plural zu denken, mit all seinen lokalen Varianten. Daran nämlich waren wir durch die vorherrschenden Geschmacksstandards, durch das Brot aus Industrieproduktion und die immer gleichen Mehle einfach nicht mehr gewöhnt.

So sind es heute die als wahre Gurus geltenden Bäcker, die uns das Brot neu entdecken und wieder wertschätzen lassen, und wir können ihnen nicht genug danken für die Liebe und Hingabe für dieses Lebensmittel, die sie auf diese Weise mit uns teilen. In Florenz saß ich einmal an einem warmen Frühlingsabend mit einigen befreundeten Bäckern auf einer wunderschönen Terrasse und unterhielt mich mit ihnen. Einer von ihnen erzählte, er habe Brote an Freunde und Bekannte verschenkt und im Gegenzug

Beim Kneten des Teigs ist Kraft gefragt.

dafür einen Schinken oder edle Weine bekommen. Der Grund liegt auf der Hand, gilt Brot doch als Inbegriff der Menschlichkeit, des menschlichen Wissens und – für alle, die daran glauben – als Verkörperung des Göttlichen oder, etwas nüchterner ausgedrückt: Es ist einfach etwas Wunderbares.

Die Anfänge

Wann genau das Brot erfunden wurde, weiß man zwar nicht, bekannt ist jedoch, dass seine Geschichte sehr weit zurückreicht. Wir wissen, dass Weizen die erste Pflanze war, die der Mensch bereits zwischen dem Paläolithikum und dem Neolithikum anbaute. Viele Archäologen sind sich einig, dass die Domestikation der Pflanze im Gebiet des heutigen Iran begann und sich dann bis in die Berge Anatoliens und nach Palästina, die Täler von Euphrat und Tigris eingeschlossen, verbreitete. Aus der Gegend zwischen den vier Meeren (Mittelmeer, Rotes Meer, Kaspisches Meer und Schwarzes Meer), auch als Fruchtbarer Halbmond bezeichnet, wanderte der Weizen mit dem Menschen um die Erde und etablierte sich an verschiedenen Orten. Dabei passte er sich an das jeweilige

Die Wege, die das Brot nahm,
zogen sich durch Raum und Zeit,
durch Erinnerung und Vergessen.
Führten in die Realität und
in die Fantasie.
Es ist schwer zu sagen, wo sie ihren
Ursprung hatten und wo sie endeten.
Meist verliefen sie von Ost nach West,
der Sonne folgend, denn Brot ist
nicht gemacht für lange Reisen.
Es wird alt, hart, schimmlig.
In Wirklichkeit aber sind es die Saat,
die Erfahrung und das Verlangen,
die reisen.

Predrag Matvejević
Kruh naš — 2009

Klima und den Boden an. Die Ersten, die ein aus fermentiertem Mehl hergestelltes Triebmittel ähnlich einer Sauerteigmutter verwendeten, waren die Ägypter, hatten sie doch festgestellt, dass Brot am besten schmeckte, wenn es schön locker und luftig war. Später wurde das Brot zusammen mit dem Wein und dem Öl zu einer der drei Säulen der griechisch-römischen Kultur. »Das Universum beginnt mit dem Brot«, schrieb Pythagoras vor mehr als 2500 Jahren. Vor ihm hatte bereits Homer die »zivilisierten Menschen« als *sitòfagoì*, Brotesser, bezeichnet, um sie von den Barbaren zu unterscheiden. Es waren die Griechen, die das Brot nach Italien brachten und die Römer die Kunst des Brotbackens lehrten, welche sie ihrerseits von den Ägyptern erlernt hatten. Zeitgleich verbreitete sich das Brot auf der ganzen Welt und setzte sich an verschiedenen Orten in diversen Formen und Zusammensetzungen durch. Es gibt auf der Welt keine Kultur, die nicht ihr eigenes, ganz spezielles Brot hat. Brot ist eine außergewöhnliche Erfindung. Es steht für die Intelligenz, das Geschick und die Kreativität des Menschen. Durch Brot werden Grundgetreidearten wie Weizen, Roggen oder Mais zu haltbaren Lebensmitteln. Brot setzt Kultur voraus, denn die Zubereitung erfordert Zusammenarbeit, vom Getreideanbau über das Mahlen und Kneten bis zum Backen. Brot schafft Gemeinschaft.

Die Brot-Avantgarde

Wie ist es möglich, dass eines der ältesten Lebensmittel der Menschheit Jahrtausende nach seiner Erfindung zum Symbol der kulinarischen Avantgarde wird? Diese Frage sollte man dem Brot am besten selbst stellen, diesem unerschöpflichen Forschungsobjekt und reichen Quell zeitloser Symbolik.

Als erster Küchenchef Italiens servierte der mit drei Michelin-Sternen ausgezeichnete Niko Romito in seinem Restaurant Reale in Castel di Sangro in den Abruzzen 2015 in seinem Degustationsmenü einen Gang, der aus nichts anderem als einem Laib Brot bestand. Die Botschaft, die dahinterstand, lautete: Lasst uns das Brot wieder in den Mittelpunkt unseres Lebens rücken. 2018 flog er mit der Organisation Save The Children nach Bolivien, um einer Gemeinde vor Ort das Brotbacken beizubringen. Auf der anderen Seite des Atlantiks startete Dan Barber, der Küchenchef des New Yorker Restaurants Blue Hill at Stone Barns, ein verrücktes Projekt, das sich der Erforschung und Verbreitung des Brotes widmet. Genau wie Alice Waters, die Küchenchefin des Chez Panisse in Berkeley und Vizepräsidentin von Slow Food International. Heute gibt es viele Köche, die ihr eigenes Brot herstellen. Es sind vor allem Köche aus gastronomisch aufstrebenden Regionen wie beispielsweise Albanien, die der Welt die kulinarische Tradition ihrer Region nahebringen möchten. Bledar Kola, der bekannteste Koch des Landes und aktivste Fürsprecher der albanischen Küche, der immer wieder auch bei internationalen Veranstaltungen und Kongressen auftritt, ließ im Eingangsbereich seines Restaurants Mullixhiu (»Müller«) in Tirana eine Mühle aufstellen, mit der er das Mehl für seine Brote, Fladen und Nudeln mahlt.

Die ganze Welt isst Brot, jeder auf seine Weise

Abgesehen davon, dass Brot aus dem mystischen Gemisch von Mehl, Wasser, Zeit und Wärme entsteht, ist es gleichzeitig eine Metapher für das Leben, gilt es doch als das Grundnahrungsmittel schlechthin, als Voraussetzung der Existenz, als Verkörperung des einen Bedürfnisses, das vor allen anderen befriedigt sein will. Es gibt kein Volk auf der Welt, das nicht schon einmal Mehl mit Wasser gemischt und anschließend gebacken hat.

Hoch oder flach, dick oder dünn, trocken und fest oder luftig und feucht – Brot unterscheidet sich je nach Zutaten, Form und Backverfahren. Gesäuert oder ungesäuert, aus Weizen, Mais oder welcher Zutat auch immer, im Holzkohleofen, im Tandur, dem traditionellen zylindrischen Tonofen, im Erdofen, in der Glut, im Dampf, auf heißen Platten, auf Stein oder in Terrakotta gebacken – es ist unmöglich, alle Brotsorten der Welt aufzulisten, denn es gibt Abertausende von Varianten, und immer wieder entstehen neue. In Schweden unternahm man vor einigen Jahren im Rahmen einer Marketingaktion den Versuch, alle Brotrezepte der Welt zu erfassen und daraus ein universelles Rezept zu erstellen. Die Idee stammte von einem Brotbackofenhersteller, der mithilfe komplexer Algorithmen die aus allen Teilen der Welt zusammengetragenen Rezepte elektronisch verarbeiten ließ. Heraus kam das perfekte Universalrezept für ein Brot, das im Nachhinein von Sébastien Boudet, einem in Frankreich geborenen Bäcker, angepasst wurde. [1]

1 — **ZUTATEN FÜR DAS BROT-UNIVERSALREZEPT:** 250 g gesiebtes Weizenmehl, 150 g Dinkelmehl, 50 g Maismehl, 100 g Roggenschrot (und 100 ml heißes Wasser), 30 g Leinsamen (ganz), 30 g Rohrohrzucker, 20 g weiche zimmerwarme Butter, 50 ml natives Olivenöl extra, 15 g Meersalz, 2 g Biohefe, 400 ml Wasser (35 °C warm).

↑

Frisch gebackene Brotlaibe und Stangenbrote in verschiedenen Formen und Größen

Seien wir ehrlich – keiner von uns möchte auf sein Brot verzichten. Wir wissen die Fähigkeiten des Bäckers in unserer Stadt sehr wohl zu schätzen, und wenn unser Lieblingsbrot nicht vorrätig ist, bekommen wir schlechte Laune. Schlimmer noch: Wenn wir auf Reisen sind, vermissen wir am meisten unser Brot. Jedes Land hat seine eigenen Variationen zum Thema Mehl, Wasser und Luft (Hefe), die sich in Italien in etwa 250 verschiedenen Brotsorten manifestieren [2]. Sie alle unterscheiden sich sowohl durch die verwendeten Mehlsorten als auch, und vor allem, durch ihre Form. Jede Region hat ihre eigenen Formen und typischen Brotnamen. Anders als etwa in Frankreich, das nur ein »Nationalbrot«, das *baguette*, kennt, gibt es in Italien eine Vielzahl an Broten.

Die Geografie des Brotes unterscheidet Gegenden nach den jeweiligen Getreidesorten, die dort angebaut und verarbeitet werden. Dabei stehen Europa und Zentralasien für den Anbau von Weizen, im heutigen Südamerika kultiviert man Mais, im gesamten asiatischen Raum ist es Reis, während in Afrika der Anbau von Hirse und diversen anderen Getreidesorten vorherrschend ist. Und genau dies ist der Stoff, aus dem sich die regionalen Geschichten vom Brot und den Broten entspinnen.

In Ägypten gibt es noch heute Gemeinschaftsöfen, und jede Familie bringt ihren eigenen Teig zum Backen dorthin. In Marokko ist es verboten, Brot zu schneiden, denn dies gilt als Zeichen von Respektlosigkeit. Der aus Roggenmehl hergestellte westfälische Pumpernickel bleibt bis zu 24 Stunden im Ofen. Das als *soda bread* bekannte irische Brot mit fester Kruste und säuerlichem Geschmack wird mit Natron gesäuert, während man in Norwegen das Knäckebrot, ein knuspriges Flachbrot aus Roggenmehl und Kleie, knabbert, das ebenso wie die beiden vorgenannten Brotsorten lange haltbar ist. Ursprünglich wurde das Knäckebrot – im Einklang mit dem landwirtschaftlichen Kalender – zweimal im Jahr hergestellt: einmal kurz nach der Getreideernte und dann wieder im Frühjahr, wenn nach dem Winterfrost das Wasser in den Bächen wieder zu fließen begann und für den Teig verwendet werden konnte. Auch andernorts ist die Tradition saisonaler

2 — Sardinien verfügt über die meisten Brotsorten. Es gibt Hunderte Arten, die sich von Region zu Region und je nach Anlass oder Feiertag unterscheiden. Vom Alltagsbrot bis hin zu unzähligen Broten für rituelle Handlungen, die mit ausgewählten Mehlen hergestellt werden (*poddine*, *sceti*, *frufere* usw.), alle aus dem auf der Insel angebauten Hartweizen. Am bekanntesten ist zweifellos das *pane carasau*, das vor allem im Inneren der Insel gebacken wird – eine dünne Teigplatte, die zweimal gebacken wird. Daher auch der Name, denn *carasare* bedeutet »knusprig werden lassen«.

Brote stark ausgeprägt, etwa im italienischen Apennin, wo das Brot im Herbst und Winter mit Kastanienmehl gebacken wird. Für die äthiopische *injera*, einen hauchdünnen, luftigen Fladen, der mit Speisen – insbesondere mit den würzigen Fleisch- und Gemüseschmorgerichten der afrikanischen Küche – belegt wird, verwendet man Teff, eine typische Getreidesorte der Gegend. Der jamaikanische *bammy* hingegen besteht aus Maniokmehl, wird manchmal zum Konservieren getrocknet und anschließend in Kokosmilch eingeweicht. Das Rezept stammt ursprünglich aus dem Brauchtum der Arawak, der indigenen Einwohner der vorkolonialen Zeit.

Lavash ist ein dünnes, ohne Triebmittel zubereitetes Brot, das aus der armenischen Küche nicht wegzudenken ist. Für die sehr mühevolle Herstellung, die gute Koordination, Erfahrung und besondere Fertigkeiten erfordert, ist in der Regel eine kleine Gruppe von Frauen zuständig, die im Sitzen arbeiten. Ein wirklich faszinierendes Ritual. Sollten Sie nicht die Absicht haben, in nächster Zeit nach Armenien zu reisen, sollten Sie sich einmal ein paar Dokumentationen über die Lavash-Herstellung ansehen. Sie werden mir zustimmen. Aus dem einfachen Teig, der aus Weizenmehl und Wasser besteht, werden Bällchen geformt und hauchdünn ausgerollt. Anfangs wird ein Nudelholz verwendet, dann wird der Teig in der Luft mit gekonnten Handgriffen gedreht und gewendet, bis er die Form einer tischtuchgroßen dünnen Scheibe hat. Anschließend wird der Teigfladen auf ein spezielles ovales Kissen gelegt und kurz an den Wänden eines traditionellen konischen Tonofens gebacken. Lavash gehört zum immateriellen Weltkulturerbe der UNESCO, wie übrigens auch eines der ikonischen Gerichte der georgischen Küche, das köstliche *khachapuri*, ein schiffchenförmiges Brot, das in der Mitte mit Käse und Eiern belegt wird [3]. Beim Verzehr werden die Ränder abgebrochen und in den Belag getaucht.

Und was ist mit der *tortilla*, diesem symbolträchtigen Nahrungsmittel der mexikanischen Küche, das die Grundlage für *enchiladas*, *fajitas*, *quesadillas*, *burritos*, *tacos* und *totopos* ist? Diese dünne runde Teigplatte aus Maismehl (seltener aus Weizen) entsteht

3 — In der georgischen Küche ist Käse eine häufig verwendete Zutat. Im Gegensatz zum französischen, holländischen und Schweizer Käse wird er, wie der griechische Feta, zum Reifen traditionell in Salzlake gelegt. Gerne wird er auch gekocht serviert, entweder in Milch erhitzt, am Spieß gegrillt, in der Pfanne gebraten oder im Ofen gebacken. Käse als Zutat zu verwenden ist bei Bergbewohnern weit verbreitet, man denke nur an das Käsefondue, das im Alpenraum gegessen wird.

INTERNATIONALE BROTSORTEN (AUSWAHL)

BOLANI, Afghanistan

LIBBA, Ägypten

LAVASH, Armenien

DAMPER, Australien

INJERA, Äthiopien

LUCHI, Bangladesch

PÃO DE QUEIJO, Brasilien

MARRAQUETA, Chile

SHAOBING, China

PUMPERNICKEL, Deutschland

BAGUETTE, Frankreich

KHACHAPURI, Georgien

PAI BAO, Hongkong

NAAN, Indien

PARATHA, Indien

ROTI GAMBANG, Indonesien

SANGAK, Iran

SODA BREAD, Irland

DÖKKT RÚGBRAUÐ, Island

CHALLAH, Israel

BAMMY, Jamaika

KARE PAN, Japan

MALAWACH, Jemen

TABOON BREAD, Jordanien

MONTRÉAL BAGELS, Kanada

PAN CUBANO, Kuba

ROTI CANAI, Malaysia

ĦOBŻ TAL-MALTI, Malta

KHOBZ KESRA, Marokko

TORTILLAS, Mexiko

RĒWENA PARĀOA, Neuseeland

TIJGERBROOD, Niederlande

LEFSE, Norwegen

CHIPA, Paraguay

PODPŁOMYK, Polen

BROA DE MILHO, Portugal

KARAVAI, Russland

LIMPA BREAD, Schweden

PROJA, Serbien

APPAM, Sri Lanka

GYERAN-PPANG, Südkorea

BALEP KORKUN, Tibet

SIMIT, Türkei

NON, Usbekistan

CORN BREAD, US-Südstaaten

AREPA, Venezuela

VON NORD BIS SÜD
ITALIENISCHE BROTSORTEN (AUSWAHL)

PAN NERO VALDOSTANO	Aostatal
BIGA TRIESTINA	Friaul-Julisch Venetien
MICHETTA MILANESE	Lombardei
GRISSINO TORINESE	Piemont
CIOPPETTA DI VICENZA	Venetien
COPPIA FERRARESE	Emilia-Romagna
PIADINA ROMAGNOLA	Emilia-Romagna
TIGELLA MODENESE	Emilia-Romagna
FOCACCIA GENOVESE	Ligurien
PANE TOSCANO	Toskana
CRESCIA MARCHIGIANA	Marken
PANE CASARECCIO DI GENZANO	Latium
PANE CAFONE DI NAPOLI	Kampanien
FRISELLE	Apulien
PANE DI ALTAMURA	Apulien
TARALLI PUGLIESI	Apulien
PANE DI MATERA	Basilikata
PANE CARASAU	Sardinien
PANE GUTTIAU	Sardinien
MAFALDA SICILIANA	Sizilien

durch die sogenannte *nixtamalización*, ein Verfahren, bei dem der Mais mit Kalk gekocht wird. Dadurch wird der Teig nicht nur elastischer, sondern auch bekömmlicher.

Das aus der Provinz Shandong stammende *shaobing* ist eine der zahlreichen chinesischen Flachbrotvarianten, die dort gemeinhin *bing* genannt werden. Der mit Sesam bestreute Fladen kann oval oder rund sein, kann süß oder herzhaft gefüllt werden. Im Gegensatz zu *baozi* – einem im Dampf gegarten gefüllten Brötchen – wird *shaobing* im Ofen gebacken.

Auf keinen Fall unerwähnt bleiben darf schließlich das *naan*. Das in Zentral- und Südasien verbreitete Brot stammt ursprünglich aus Pakistan und Nordindien, wo es traditionell im Tandur gebacken und heiß mit Ghee, der für die indische Küche typischen geklärten Butter, serviert wird. Naan ähnelt der *pita*, dem dicken, weichen Fladenbrot, das charakteristisch ist für den Nahen Osten, aber auch in Griechenland und auf dem Balkan beliebt ist. Die Pita wiederum ist verwandt mit dem arabischen Brot, das allerdings elastischer und dünner ist und beim Backen Blasen wirft, wodurch eine perfekte Tasche für die Füllung oder zum Einwickeln von Kebab entsteht. Wer lokale Brotsorten probiert, bekommt einen Eindruck von der Kultur, der Geschichte und dem jeweils vor Ort herrschenden Geschmack. Doch einmal abgesehen von all der Vielfalt an Sorten. Was eigentlich ist Brot? Obwohl es ein in allen Kulturen gängiges Nahrungsmittel ist und praktisch schon immer existiert hat, ist eine genaue Definition schwierig. Der Brothistoriker William Rubel behauptet in seinem Buch *Bread: A Global History* (2011) sogar, eine strenge Definition sei unnötig, ja sogar kontraproduktiv: »Brot ist das, was es in deiner Kultur ist.« Und da bin ich ganz seiner Meinung. Denn schließlich steht jede Art von Brot grundsätzlich für einen einzigen, gemeinsamen, stets wiederkehrenden Wunsch: zu teilen und zu stärken. Mit Brot werden wir zu Kumpanen, das heißt, abgeleitet vom lateinischen *cum panis*, zu Gefährten, die das gleiche Brot essen, die die gleiche Nahrung teilen.

↓ **DIE GRUNDNAHRUNGSMITTEL:** Der Mensch ernährt sich hauptsächlich von Lebensmitteln, die viel Stärke enthalten, wie Getreide, Kartoffeln oder Maniok. Getreide liefert Energie, sättigt und lässt sich gut aufbewahren. Aufgrund dieser Eigenschaften bildet es die Nahrungsgrundlage fast aller Völker der Welt. Am häufigsten angebaut wird Mais, während Reis den größten Teil in der menschlichen Ernährung ausmacht.

GRUNDNAHRUNGSMITTEL

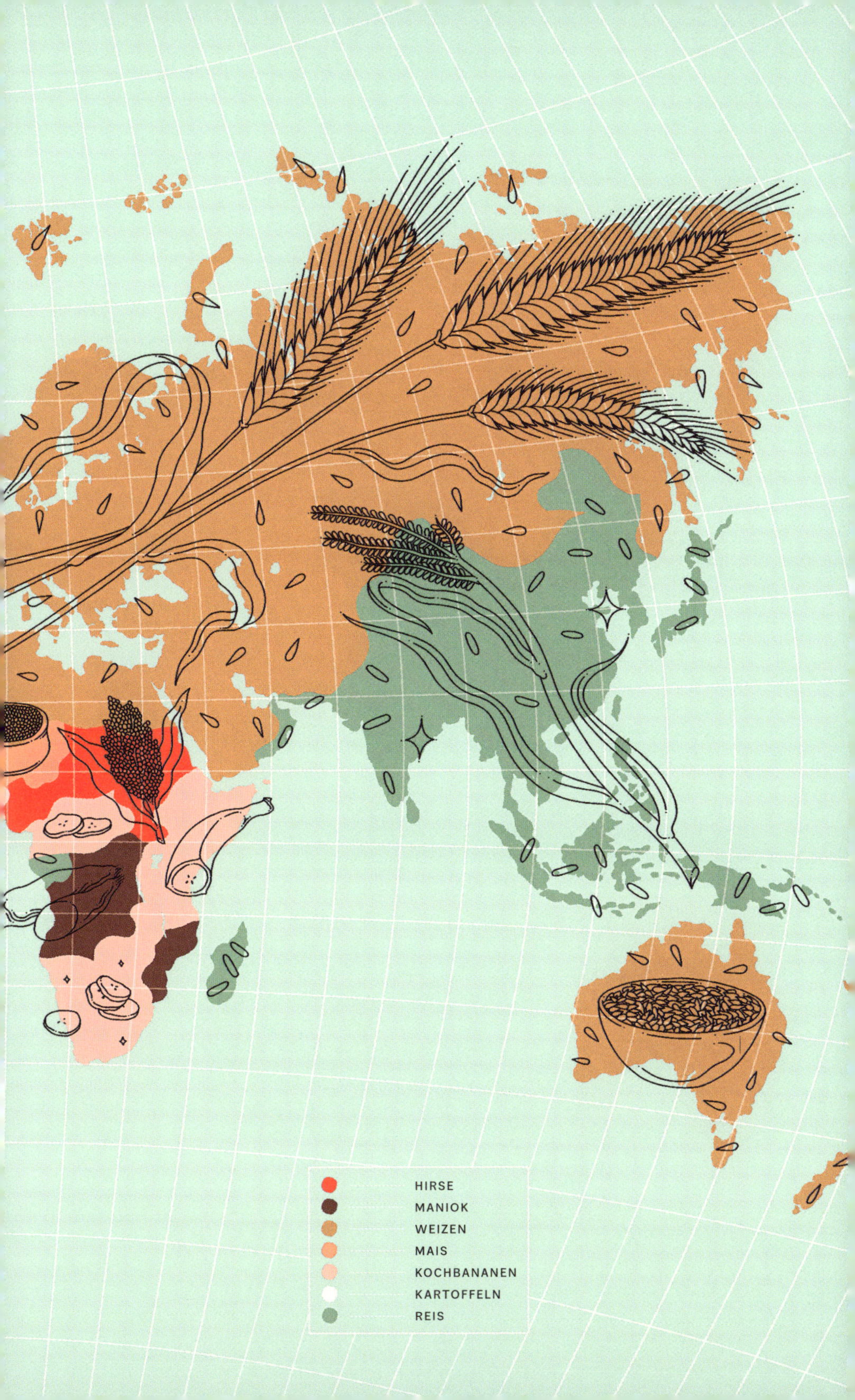
HIRSE
MANIOK
WEIZEN
MAIS
KOCHBANANEN
KARTOFFELN
REIS

DAS BROT AUS DEM PAMIR-GEBIRGE

Die beiden schwedischen Forscher Frederik van Oudenhoven und Jamila Haider haben in ihrem Buch *With Our Own Hands* (2017) erstmals die Kultur- und Agrargeschichte des afghanischen und tadschikischen Pamir und damit einer der abgelegensten und unbekanntesten Kulturen der Welt in den Mittelpunkt gestellt. Extreme Armut, Konflikte und politische Umwälzungen haben es den Bewohnern dieses Landstrichs schwer gemacht, ihre Identität zu entwickeln und ihr Ausdruck zu verleihen, denn mehr als andernorts drücken sich Kultur und Kommunikation dort noch sehr stark über das Essen aus.

Haider und Oudenhoven lernten sich zufällig im Pamir bei einer leckeren Aprikosensuppe kennen – sie arbeitete dort für eine NGO, er in einem Projekt zur Artenvielfalt in der einheimischen Landwirtschaft. Schon bei ihrem ersten Zusammentreffen entstand die Idee, einige lokale Speisen zusammenzutragen und zu erforschen. Die Ergebnisse ihrer Untersuchungen kann man, wie bereits erwähnt, in dem Band *With Our Own Hands* nachlesen. Was als Kochbuchprojekt begann, entwickelte sich zu einem kulturellen Dokument, das sich anhand der Küche des Pamir-Hochplateaus mit Fragen der Diversität – in Ernährung und Kultur – und Nachhaltigkeit auseinandersetzt. Die Region, die dafür bekannt ist, dass hier bestimmte Kulturpflanzen, darunter der Roggen, ihren Ursprung haben, bietet eine große Vielfalt an Obstbäumen und Getreidearten (es gibt beispielsweise über 150 Weizensorten). Und wie es der Zufall will, zeichnet sich das Gebiet zudem durch eine große kulturelle und sprachliche Vielfalt aus.

Hinter den Sprachen des Pamir verbirgt sich eine Gruppe von Idiomen, die sich in zahlreiche Dialekte untergliedern. Der größte Teil der Bevölkerung ist zweisprachig, denn die meisten Menschen sprechen auch Tadschikisch. Viele Wissenschaftler sind sich einig, dass ein Zusammenhang besteht zwischen der Artenvielfalt von Lebensmittelpflanzen und der sprachlichen Vielfalt, geht es doch bei beidem um die Wahrung von Identität und Kultur. Doch warum ist das so? Trotz seiner Abgeschiedenheit war der Pamir jahrhundertelang eine wichtige Verkehrs- und Handelsader, denn durch ihn führte die Seidenstraße, über die Gewürze, Tee (und Maulbeerbäume aus China) ins Abendland gelangten.

Heute sind die meisten Speisen im tadschikischen Pamir typisch zentralasiatische Gerichte, während die Küche auf der afghanischen Seite beeinflusst ist von Südafghanistan, Pakistan und in gewisser Weise auch vom Iran (beispielsweise die Reisgerichte).

Brot ist unbestritten das wichtigste Lebensmittel der lokalen Küche, und die Auswahl ist vielfältig. Es gilt als heilig, und wer es nicht achtet, hat vor nichts Achtung. Brot wird täglich und zu jeder Mahlzeit verzehrt. Das traditionelle Brot, ein gesäuertes, im Tandur gebackenes Fladenbrot, das aus verschiedenen Getreidesorten und Hülsenfrüchten, zum Beispiel Erbsen, Hirse oder Rotkornweizen, hergestellt wird, wird in Shughni, der meistgesprochenen Pamir-Sprache, als *gartha* bezeichnet. Leider zieht man diesem köstlichen, gehaltvollen Brot heute oft importiertes Brot aus raffiniertem Weißmehl (mit schlechtem Geschmack und Nährwert), etwa das russische Kastenbrot, vor.

Die Küche des Pamir besticht durch ihre Einfachheit. In dieser Hochgebirgsregion entstehen aus Brot und Milch, die in der Regel von Ziegen stammt, ebenso einfache wie nahrhafte Gerichte. Sie sind der Inbegriff des Nomadenlebens, das dort, in dieser über Jahrtausende geformten Landschaft, noch lebendig ist.

PIZZA

STETS IM ZENTRUM DES INTERESSES

»Neapel, wir danken dir,
dass du der Welt
die beste Erfindung überhaupt
geschenkt hast.
Wir wissen es zu schätzen.
Pizza ist wie die ägyptischen Pyramiden –
nur eben kulinarisch.«

↑
Der ganze Stolz der Neapolitaner: die *vera*, die echte Pizza napoletana, wie man sie nur hier bekommt.

Mit diesen Sätzen eröffnete Kareem Rahma im Oktober 2018 das Museum of Pizza in New York – eine multimediale Sonderausstellung, die auf vielschichtige, zum Teil ironische Weise (es gab sogar eine Höhle mit Stalaktiten aus Silikonkäse) das international wohl bekannteste Gericht feiert, das unter anderem eine wichtige Rolle in der amerikanischen Popkultur spielte und so eng mit der Geschichte und den Gewohnheiten des Big Apple verwoben ist, dass man das Bedürfnis hatte, ihm ein eigenes Museum zu widmen.

Die Pizza [4] entstand gegen Ende des 16. Jahrhunderts in Neapel – damals in einer Version mit Caciocavallo-Käse und Basilikum, die man *mastunicola* nannte. Im 18. Jahrhundert, als die Tomate Einzug hielt, etablierte sich die Urform der heutigen echten neapolitanischen Pizza, die *marinara*, die mit Knoblauch, Öl, Tomate und Oregano zubereitet wird. Die Pizza ist das perfekte Streetfood – lecker, nahrhaft und preiswert (die Imbisseigenschaft ist also gewissermaßen schon in ihrer DNA angelegt). In Neapel, wo sie besonders beliebt ist, isst man sie im Gehen (*a libretto* oder *a portafoglio*, wenn sie auf die Größe eines Viertels zusammengefaltet verzehrt wird).

4 — In Neapel wird die Pizza nicht »gebacken«, sondern zubereitet, und über die Garzeit wacht kein Geringerer als Antonius der Große, der Heilige des Feuers und Schutzpatron der Pizzabäcker.

Seit etwa Mitte des 18. Jahrhunderts wurde die Pizza in Öfen auf der Straße gebacken und von Laufburschen ausgeliefert. Erst später entstand der Wunsch, sie in dem Lokal, wo sie zubereitet wird, in aller Ruhe am Tisch und in geselliger Runde im Rahmen einer Mahlzeit zu sich zu nehmen. So entstanden die *pizzerie*, wie wir sie heute kennen, mit dem Ofen in Sichtweite, damit die Gäste die handwerkliche Akrobatik des Pizzabäckers verfolgen können. Für die Neapolitaner ist die Pizza bis heute eine überaus ernste Angelegenheit, und die Associazione Verace Pizza Napoletana wacht darüber, dass die Zubereitung, unter Berücksichtigung der historischen Traditionen, allen Regeln der Kunst entspricht. Deshalb hat sie 1996 eine Vorschrift erarbeitet, in der die Zusammensetzung des Teigs, der Gehvorgang, der Belag und auch der Backvorgang geregelt sind.

Mittlerweile hat die Pizza, insbesondere dank der Neapolitaner selbst, die ganze Welt erobert, eben weil sie so einfach zuzubereiten, so preiswert und so wandelbar ist und sich

so leicht an lokale Geschmacksvorlieben und Traditionen anpassen lässt. Eine der ersten Städte, in denen sie Fuß fasste, war New York City. Neapel und New York liegen auf dem gleichen Breitengrad. Beide liegen am Meer, und in beiden ist die Pizza zu Hause. Sie ist zwar ohne Zweifel Teil der kulinarischen Tradition und Kultur Italiens, aber das schließt keineswegs aus, dass sie auch Teil anderer Kulturen sein kann. Fragte man einen New Yorker nach einem typischen Gericht seiner Stadt, würde er sicherlich sagen: »Pizza!« Und Pizza und Pizzerien haben in den Vereinigten Staaten eine längere Tradition als in manchen italienischen Städten. So entstanden die ersten Pizzerien in New York bereits Anfang des 20. Jahrhunderts, während die erste Pizzeria im italienischen Bologna erst 1950 in der Via San Felice 56 eröffnet wurde – vorher befand sich dort eine Osteria –, und die Bologneser sahen damals darin eine verrückte Neuheit.

Meine Mutter, die aus einem kleinen Provinzdorf stammt, erzählt, dass sie ihre erste Pizza in den 1970er-Jahren gegessen habe und sie für Norditaliener damals ein exotisches Novum gewesen sei.

Doch wenn Zeit ein entscheidender Faktor ist (und das ist sie ohne Frage), damit ein Gericht mit einer bestimmten Gegend assoziiert wird, dann können wir auf jeden Fall sagen, dass die Pizza eher zu New York als zu Bologna, Mailand oder Venedig gehört.

Anders liegt der Fall natürlich bei Neapel, wo die Pizza, woran kein Zweifel besteht, erfunden wurde. Aber hier sprechen wir von der köstlichen echten neapolitanischen Pizza. Sie unterscheidet sich von der amerikanischen Version und von allen anderen, die es auf aller Welt gibt, einschließlich der neuen Trend- oder Gourmet-Pizza, für die ausschließlich Sauerteig verwendet wird, der lange gehen muss, und die nur mit besten Zutaten belegt wird, die so raffiniert zusammengestellt sind, dass sie sich von der Volksspeise abhebt und sich zu gastronomischen Höhenflügen aufschwingt (natürlich auch mit Degustationen und vor allem mit anderen Preisen). »Wenn ich sie mit Sushi belege, ist es dann immer noch eine Pizza?«, fragt sich Küchenchef und Fernsehstar David Chang in einer Folge von *Ugly Delicious*, einer Netflix-Serie, in der er die Welt bereist, in Gesprächen mit anderen Köchen der Verbindung zwischen Essen und Kultur nachspürt und dabei auch unbequeme Themen wie Einwanderung und Rassismus anspricht. In der besagten Folge befindet sich Chang im Restaurant Savoy in Tokio, wo Pizza-Sushi mit rohem Thunfisch und Wasabi serviert wird. Köstlich!

Was also ist Pizza heute? Wir können weder zurückverfolgen, wofür sie einmal stand, als sie erfunden wurde, noch, welches das echte Originalrezept war, weil dies weder historisch noch geografisch fundiert wäre. Die Geschichte der Pizza trägt dem Rechnung, was sie heute ist: ein echtes globales Gericht, das der ganzen Welt gehört und das keine Grenzen kennt, außer denen, die ihm der Geschmack und die lokale gastronomische Kultur setzen. Im Grunde genommen ist Pizza nichts anderes als eine Platte aus Hefeteig, die belegt und dann im Ofen gebacken wird. Die Definition ist ziemlich dehnbar, und es spricht nichts dagegen, ihre Grenzen zu verschieben und sie geschmacklich zu erweitern. Man kann Pizza als ein Medium verstehen, das verschiedene Beläge transportiert. Selbstverständlich sind die traditionellen, Tomatensoße und Käse, schützenswert, aber nichts ist unantastbar, und man kann es mit jedem Nahrungsmittel ausprobieren. Das ist es, was sie zu einem globalen Gericht macht. Für jeden Einzelnen.

Die perfekte Pizza

Überall auf der Welt findet man Pizza in so vielen verschiedenen Formen (rund, quadratisch, in Stücke geschnitten, hoch, flach, gerollt – ganz zu schweigen von den Zutaten für den Belag und dem Grundrezept für den Teig), dass sie zwangsläufig zu einem Vorbild ihrer selbst geworden ist. Heiß, appetitlich, lecker, authentisch, wohltuend – jede und jeder von uns hat seine eigene Vorstellung von der perfekten Pizza. Für mich ist es auf jeden Fall eine Margherita mit süßlichen Tomaten und Fäden ziehendem Mozzarella – natürlich ist das mein ganz persönliches Ideal, das mit meinen individuellen Erfahrungen und Erinnerungen zu tun hat.

Der Schriftsteller Cristiano Cavina, der früher selbst Pizzabäcker war, setzt sich in seinem unterhaltsamen Buch *Die Pizza-Philosophie: Italienische Anleitung zum Glücklichsein* (2016) aus seinem privilegierten Blickwinkel einer Familienpizzeria mit der Beziehung auseinander, die jeder Einzelne zu diesem Gericht hat. Neben einigen strengen Regeln für Hobbypizzabäcker findet sich auch eine kurze Abhandlung über die Psychologie der Pizza, in der der Autor jeder Persönlichkeit eine Geschmacksrichtung zuordnet. Etwa so: »Die *Margherita* ist die Pizza des wahren Kenners; der schlichte Belag erlaubt

↑
Pizza wird stets heiß gegessen.

es, sich ganz auf den Geschmack des Teiges zu konzentrieren. [...]. Ein echter Margherita-Junkie ist ein solcher Fachmann, dass er aus deinem Teig Dinge herausschmecken kann, die du in deinem ganzen Leben noch nicht gesehen, geschweige denn in deinen kühnsten Träumen erdacht hast. Aber er ist sich seiner so sicher und so glücklich darüber, dich entlarvt zu haben, dass du ihm recht gibst, nur um ihm nicht das Herz zu brechen.« Pizza ist ein sättigendes, preiswertes und einfaches Gericht, das bei aller Sozialromantik, die ihm innewohnen kann, beliebt und verfügbar ist, sofortige Befriedigung verschafft und eine gewisse Sehnsucht weckt, gab es Mini-Pizzas doch bei fast allen Kindergeburtstagen. Partys, Ausgehen mit der Clique, erste Dates ... – Pizza ist der Inbegriff von Glück.

Groß ist die Vielfalt auch auf der ikonischen Ebene. Man denke nur an das WhatsApp-Emoji, ein mit Salami und Käse belegtes Pizzastück, eine Darstellung, die sich stark vom runden italienischen Original unterscheidet, das für einige auf einem Teller, für andere in einer Pappschachtel liegen und für wieder andere als Streetfood im Gehen verzehrt werden sollte. Die Ikonografie der Pizza, wie auch ihre Geografie, reicht weit über die dinghafte Welt hinaus. Sie ist vielmehr Teil der Vorstellungs- und Gefühlswelt, denn Grenzen zu ziehen ist weder einfach noch nützlich.

Es gibt sie, die Stadt der Pizza

Während Neapel und New York in ihrer Leidenschaft für die Pizza miteinander konkurrieren, liegt die Stadt mit den meisten Pizzerien weltweit weder in Italien noch in den USA. Mit mehr als 6000 Pizzerien ist das brasilianische São Paulo die Welthauptstadt der Pizza. Und der Pizzakonsum ist höher als in New York oder Neapel. Jeden Monat werden in der brasilianischen Metropole 43 Millionen Pizzen hergestellt! Die älteste Pizzeria von São Paulo heißt Castelões und wurde 1924 eröffnet. Die Originalpizza, die noch immer den Namen des Restaurants trägt, ist mit Tomaten, Mozzarella, scharfer kalabrischer Salami und Oregano belegt. Die anderen Beläge, die auf der Speisekarte stehen, repräsentieren auf wunderbare Weise das Völkergemisch, das sich mit den verschiedenen Wanderbewegungen im Land niedergelassen hat. Hauptsächlich Italiener, aber auch Portugiesen. Die nach ihnen benannte Pizza, die *portuguesa*, hat einen Belag aus Käse, Schinken, Zwiebeln, Oliven und geriebenem hart gekochtem Ei. Auch an typisch brasilianischen Zutaten wie dem cremigen Catupiry-Käse, Hähnchen und Mais fehlt es nicht. Ein Trendlokal ist Castelões heute zwar nicht, aber es bleibt eine Art nationales Denkmal, wo die Zeit stehen geblieben ist.

Ungenießbare Pizzen – die Welt ist voll davon

Das beliebteste Gericht der Welt zu sein bringt nicht nur Vorteile mit sich. Zur Kehrseite der zahlreichen hervorragenden Pizzen gehört auch, dass sie gelegentlich absolut grauenhaft und schlecht zubereitet sind und die Beläge alle kulinarischen Maßstäbe missachten. So gibt es auch für ungenießbare Pizzen keinerlei geografische Grenzen. Sie sind mir sowohl in Italien, im Norden wie im Süden, als auch in anderen Ländern begegnet. Unabhängig vom Breitengrad. Wenn man bei Pizza an etwas Gutes, Wohltuendes denkt, auf das man sich immer verlassen kann, können diese Erwartungen natürlich auch enttäuscht werden, etwa wenn man einen zwiebackartigen Boden, einen nicht aufgegangenen Teig, Unmengen von Käse, minderwertige oder schlecht schmeckende Zutaten vorgesetzt bekommt. Und ich spreche hier nicht von der Pizza mit Curry und Banane, die man in Schweden bekommt, oder von der Pizza mit Schinken und Ananas, wie man sie auf den Hawaii-Inseln serviert. Ich spreche davon, dass gerade weil Pizza bei allen so beliebt ist, alle – vermutlich aus einem naiven Zusammengehörigkeitsgefühl heraus – meinen, sie müssten sich daran versuchen. Oft mit miserablen Ergebnissen. So wird alles, was auch nur vage daran erinnert, als »Pizza« bezeichnet. Zu viel Liebe gebiert Ungeheuer. Nur fürs Protokoll: Die schlechteste Pizza meines Lebens habe ich in Marrakesch gegessen, in einer Pizzeria mit Blick auf den wunderschönen Platz Djemaa el Fna, dem Inbegriff von Streetfood. Leider wollten meine damaligen Reisegefährten mit ihren empfindlichen Mägen und ungeübten Gaumen nichts von dem probieren, was an den Ständen in Hülle und Fülle angeboten wurde, und verkündeten hoffnungsfroh: »Schau mal, da steht *Pizza.*« Ich denke noch heute mit Abscheu an diese Pizza. An den Geschmack, die Konsistenz, die zweifelhaften Zutaten, aber vor allem an die Aussicht: an den Blick auf den randvoll mit allen Köstlichkeiten angefüllten Platz.

Ein Gericht der Superlative

Pizza wird ausnahmslos überall gegessen, in jedem Land, unabhängig von der Religion, der Kultur, dem Alter. Man isst sie das ganze Jahr, den ganzen Tag über, zu jeder Uhrzeit. Sie ist das Gericht, das weltweit am häufigsten ins Haus geliefert wird. Das geht aus einer Erhebung der Beobachtungsstelle des Essenslieferanten Just Eat hervor, die den sich wandelnden Geschmack und die Präferenzen bei Heimlieferungen in elf Ländern (Vereinigtes Königreich, Irland, Dänemark, Frankreich, Spanien, Schweiz, Norwegen, Neuseeland, Mexiko, Kanada und Australien) untersuchte. Allein in Bologna – diese Zahl habe ich selbst mithilfe eines Netzwerks bolognesischer Pizzerien ermittelt – werden wöchentlich bis zu 300 000 Pizzen ausgeliefert.

Mit dem Pizzabacken verhält es
sich ähnlich wie mit der Liebe:
Es muss einem leichtfallen.
Wenn du merkst, dass es dich
Mühe kostet, stimmt etwas nicht.

Cristiano Cavina
Die Pizza-Philosophie: Italienische Anleitung zum Glücklichsein — 2016

NUDELN

VERÄNDERUNG ALS KONSTANTE

Die Italiener sind nicht nur große Nudelesser – im Durchschnitt werden pro Person jährlich 26 Kilo Pasta verzehrt –, sondern sind mit einer Jahresproduktion von rund 3,8 Millionen Tonnen, von denen 50 % exportiert werden, auch die weltweit größten Nudelproduzenten. Pasta lässt sich mit einfach allem kombinieren und kennt weder Grenzen noch religiöse oder kulturelle Einschränkungen.

Die international beliebteste und am weitesten verbreitete Nudelsorte sind Spaghetti. Und das sowohl in der westlichen, also italienischen, als auch in der fernöstlichen Variante. Überall auf der Welt nehmen Produktion und Verbrauch von Nudeln stetig zu. Im Ausland ist die Sprache der Pasta auf jeden Fall Italienisch: Spaghetti, Maccheroni, Linguine sind Begriffe, die Teil einer universellen Sprache sind, die keiner Übersetzung bedarf.

Trotz der italienischen Dominanz ist belegt, dass fast alle Völker – unabhängig voneinander – die Nudel erfunden haben. Eine der frühesten schriftlichen Quellen, die bereits die Existenz einer sizilianischen Teigwarenindustrie dokumentiert, findet sich im Buch des Geografen al-Idrisi, der im 12. Jahrhundert am Hof des Normannenkönigs Roger II. von Sizilien lebte. Wie die Journalistin Camilla Baresani bereits verschiedentlich formulierte, berichtete Marco Polo bei seiner Rückkehr aus China von chinesischen Spaghetti. Tatsächlich geht die Verbreitung von getrockneten langen Nudeln auf die Zeit der arabischen Herrschaft über Sizilien vom 7. bis 12. Jahrhundert zurück. Selbst das Wort *maccaruni*, das bis ins 19. Jahrhundert alle Arten von Pasta bezeichnete, stammt aus dem sizilianischen Dialekt und ist seinerseits vom spätlateinischen »maccari« abgeleitet, was so viel heißt wie (das Korn) »zerdrücken«.

Größere Verbreitung fand die Pasta in Italien allerdings erst im 18. Jahrhundert. Sie wurde hauptsächlich in Kampanien – in Neapel, Torre Annunziata, Castellammare di Stabia und natürlich in Gragnano – von Nudelmachern hergestellt, die für ihre Makkaroni und Vermicelli riesige Pressen verwendeten. Die Ausweitung des Weizenanbaus, der technische Fortschritt bei der Herstellung und die damit einhergehende Senkung der Nudelpreise machten sie auch weniger wohlhabenden Menschen zugänglich. Diese Industrialisierung, so führt Baresani weiter aus, hatte Auswirkungen auf den Ruf der Neapolitaner. Waren sie bis Ende des 17. Jahrhunderts als Konsumenten von Brokkoli und Kohl (»Blattwerk«) bekannt, weshalb sie als »Blattfresser« bezeichnet wurden, erhielten sie im 18. Jahrhundert den Beinamen »Makkaronifresser«.

Die italienische Auswanderungswelle zu Beginn des 20. Jahrhunderts sorgte dafür, dass die Pasta in alle Welt exportiert wurde. Als sie auf die amerikanische Kultur traf, entstand daraus eine Art Fusionsküche, deren Flaggschiff noch heute die *Spaghetti with meatballs* sind, obwohl die Geschichte der Spaghetti in Amerika eigentlich schon früher begann. Und zwar, um genau zu sein, mit Thomas Jefferson, dem Gründervater und

↑
Lamian sind jahrhundertealte chinesische Spaghetti, die von Hand in die Länge gezogen werden.

dritten Präsidenten der Vereinigten Staaten, der Ende des 18. Jahrhunderts eine neapolitanische Makkaronimatrize in seine Heimat Virginia mitbrachte. Obwohl sich die Herstellung eher auf den häuslichen Bereich beschränkte, kündete sie doch bereits von der zukünftigen großen Liebe der Amerikaner zur Pasta. »Was ist der Ruhm Dantes im Vergleich zu dem der Spaghetti?«, fragte sich der Schriftsteller Giuseppe Prezzolini in seinem Essay *Maccheroni & C.* (1957). »Spaghetti haben in vielen amerikanischen Haushalten Einzug gehalten, in denen der Name Dante nie ausgesprochen wird. Dantes Werk ist das Produkt eines einzelnen genialen Menschen, die Spaghetti hingegen sind Ausdruck des kollektiven Genies des italienischen Volkes.«

Pasta lässt sich grob in zwei große Gruppen einteilen: getrocknete, aus Hartweizengrieß und Wasser hergestellte Pasta und frische Nudeln aus Weichweizengrieß, Wasser und gegebenenfalls Eiern. Davon unabhängig unterscheidet man darüber hinaus drei Kategorien: kurze Nudeln, lange Nudeln und gefüllte Pasta.

Die *Spaghetti al pomodoro*, also mit Tomatensoße, sind das berühmteste Pastagericht der italienischen Küche.

Das rege Sozialleben der Spaghetti mit Tomatensoße

Einer der gelungensten Aprilscherze aller Zeiten war die 1957 von der BBC gesendete Fake-Dokumentation *The Swiss Spaghetti Harvest*, in der Menschen gezeigt wurden, die in ihrem Garten Spaghetti von den Bäumen pflückten. Von Spaghetti-Bäumen eben. Am Tag nach der Ausstrahlung wurde der britische Sender mit Briefen und Anrufen von Zuschauern überhäuft, die wissen wollten, wie man diesen besonderen Baum züchtet, aber auch von solchen, die nicht auf den Scherz hereingefallen waren und nur darauf brannten, ihn aufzudecken. Man muss dazu sagen, dass Nudeln damals für die Briten noch ein eher ungewöhnliches Produkt waren, sodass der Spaß durchaus auf fruchtbaren Boden fiel.

Irgendwann allerdings wurden Spaghetti mit Tomatensoße zu einem der beliebtesten Gerichte überhaupt, zu einer Metapher für das Italienische, zu einer Ikone mediterraner Ernährung: ein einfaches Rezept, ein optisch ansprechendes Gericht, gut und gesund. Die Farben (weiße Pasta, rote Tomaten, grünes Basilikum) verweisen auf die italienische Flagge, und es gibt wohl keinen Italiener, der es nicht mindestens einmal gegessen hat.

Doch diesem Patriotismus liegt ein Sammelsurium an Zutaten, Geschichten und Geografien zugrunde. Die Identität eines Nationalgerichts nämlich wird bestimmt durch seine einzelnen Bestandteile, die von anderen Völkern, aus anderen Kulturen und anderen Traditionen stammen. Massimo Montanari erklärt dies sehr gut in seinem Buch *Spaghetti al pomodoro: Kurze Geschichte eines Mythos* (2020), wo er den einzelnen Zutaten nachspürt und so die Historie der Spaghetti mit Tomatensoße zurückverfolgt. Er kommt zu dem Schluss, dass nicht die Wurzeln die Identität eines Gerichts ausmachen, sondern die Begegnungen: »*Rezept* vom lateinischen *recipio*: Ich nehme (von diesem, von jenem) und stelle zusammen. Selbst die autochthonsten Rezepte, jene, die auf lokalen Produkten basieren, werden niemals so ausschließlich lokal sein, als dass sie sich Einflüssen unterschiedlichen Ursprungs verwehren würden.«

Man muss also nicht unbedingt wissen, wer die Spaghetti mit Tomatensoße erfunden hat oder woher sie stammen, täglich wird ja Neues kreiert. Viel wichtiger ist es zu erfahren, warum gerade dieses Gericht (und nicht irgendein anderes!) so viel Interesse geweckt hat, dass es um die Welt ging und alle davon angetan sind, warum daraus eine derart starke Tradition geworden ist, dass sich ein ganzes Volk damit identifiziert.

Bei näherer Betrachtung ist Tradition nichts anderes als eine Erfindung, die derart gelungen ist, dass sie die Zeit überdauert. Und im Falle der Spaghetti mit Tomatensoße waren das Entscheidende die Begegnungen und ihr reges Sozialleben. Aber sehen wir uns die Zutaten einmal im Einzelnen an:

Die Nudeln entstanden als eine Variante von Brot, als man erkannte, dass der getrocknete Teig für die spätere Verwendung konserviert werden kann. Das war noch in Asien, genauer gesagt in Mesopotamien. Aus dem Nahen Osten gelangten die Nudeln ins antike Griechenland und von dort ins Römische Reich. Wie bereits erwähnt, waren es die Araber, die die getrockneten Nudeln in Italien einführten, und die erste Region, in der sie hergestellt wurden, war Sizilien. Für die zweite Zutat müssen wir uns auf einen anderen Kontinent begeben, denn wie allgemein bekannt, gelangte die Tomate Mitte des 16. Jahrhunderts aus Südamerika nach Europa. Zunächst wurde sie argwöhnisch und misstrauisch beäugt, und es dauerte einige Jahrhunderte, bis sie in den Kochbüchern auftauchte. Erst 1807 wurde sie mit Nudeln kombiniert. Bis dahin nämlich aß man die Pasta *in bianco*, also ohne Soße oder mit Käse, woher auch das berühmte römische Sprichwort »Come er cacio sui maccheroni«, rührt, was auf Deutsch übersetzt bedeutet »passt wie der Käse zu den Nudeln« und mit dem etwas Perfektes bezeichnet wird. Und im *Alkoran der Feinschmecker* von Grimod de La Reynière ist zu lesen: »Bisweilen können Tomaten als Beigabe zu Fadennudeln den Käse ersetzen.« Neapel, damals ein wichtiges Handelszentrum und Bindeglied zu den Spaniern, spielte eine entscheidende Rolle bei der Verbreitung der Tomatensoße – wie auch beim Anbau der Frucht –, die der Feinschmecker Pellegrino Artusi (1820–1911) in seinem 1891 erschienenen Kochbuch Die *klassische italienische Kochkunst* offiziell bestätigte. Artusi war es auch, der dem Rezept mit Basilikum den letzten grünen Schliff gab.

↓ **EIN GLOBALES GERICHT:** Die Spaghetti mit Tomatensoße sind eines der berühmtesten Gerichte der Welt und gleichzeitig das Markenzeichen Italiens. In Wirklichkeit aber haben die Zutaten ihre historischen Ursprünge in anderen Ländern. Es handelt sich also im wahrsten Sinne des Wortes um ein globales Gericht.

Das zur Familie der Lippenblütler zählende, in Indien beheimatete *Ocimum basilicum* gelangte vermutlich durch arabische Gewürzhändler nach Europa. Der lateinische Name *basilicum* ist eine Übersetzung des griechischen Wortes *basilikon* und bedeutet Königskraut. Seit der Antike wird es wegen der therapeutischen Eigenschaften, die man ihm zuschreibt, als Zierpflanze kultiviert, während seine Verwendung in der Küche erst jüngeren Datums ist. In den historischen Kochbüchern des Mittelalters und der Renaissance wird Basilikum kaum erwähnt, vielleicht weil es als Terrassenpflanze und nicht als wertvolle Zutat galt. Doch sein Schattendasein hatte ein Ende, als es als Zutat des *pesto alla genovese* (in Kombination mit Pinienkernen, Parmesan, Pecorino und Olivenöl) geadelt wurde. Bis heute ist dieses Basilikumpesto nach der Tomatensoße die wichtigste vegetarische Alternative zum *ragù bolognese*, und das weltweit. Hinter *spaghetti al pomodoro* steckt also ziemlich viel Geschichte, vor allem aber ziemlich viel Geografie. Seine Ursprünge hat dieses Gericht im

→
Das Basilikum ist eine typische Zutat der italienischen Küche, stammt aber ursprünglich aus Indien.

Nahen Osten, in Südamerika, Europa und Indien, und dann ist es um die ganze Erde gereist.

Die Spaghetti mit Tomatensoße sind der Beweis dafür, dass die erfolgreichsten Rezepte ein besonders reges Sozialleben haben, das geprägt ist von Begegnungen, Reisen, Kreativität, Widersprüchen und Emotionen, die die Geschichte dieses Gerichts bereichern und für seine geografische Verbreitung sorgen.

Manchmal sind wir zu sehr auf den Ursprung fixiert und übersehen dabei, dass es faszinierender und wichtiger ist, den folgenden Etappen und den Wegen nachzuspüren, die das Gericht genommen hat.

[…] Identität [ist] nicht gleichbedeutend […] mit Wurzeln. Identität ist, was wir sind. Die Wurzeln hingegen sind nicht »das, was wir waren«, sondern die Begegnungen, der Austausch, die Schnittpunkte, die das, was wir waren, verwandelt haben in das, was wir sind. Und je tiefer wir in der Suche nach unseren Ursprüngen vordringen, desto mehr breiten sich die Wurzeln aus und entfernen sich von uns – ganz so, wie es bei den Pflanzen geschieht. Wenn wir die Metapher voll ausschöpfen, werden wir feststellen, dass die Wurzeln häufig die anderen sind.

Massimo Montanari
Spaghetti al pomodoro: Kurze Geschichte eines Mythos — 2020

Irgendwann hat doch jeder schon einmal gefüllte Pasta zubereitet …

Ein gefüllter *raviolo* ist nie nur ein gefüllter *raviolo*. Er ist ein Hort der Ideen. Zum ersten Mal habe ich das von einer *sfoglina* gehört. So nennt man in der Emilia-Romagna die Frauen, die den Teig aus Ei und Mehl mithilfe eines Teigbretts und eines Nudelholzes von Hand ausrollen und daraus *tortellini*, *tortelli*, *cappelletti* und andere frische oder gefüllte Pasta herstellen (dabei handelt es sich um typisch weibliches Know-how, das auf alten häuslichen Traditionen basiert, auch wenn es heute zunehmend mehr »sfoglini«, also Männer, gibt, die sich der Kunst der Zubereitung frischer Pasta widmen). In Italien gibt es – von den Tortellini aus Bologna bis zu den sardischen Culurgiones – eine solche Formenvielfalt, dass es unmöglich ist, sie alle aufzuzählen. Bezeichnend ist aber, dass jede Gemeinschaft ihre eigene Form gefüllter Pasta entwickelt hat. Eines haben sie jedoch gemeinsam: Die Füllung ist eine Art geheime Schatzkammer, in der traditionelle Rezepturen, Essensreste, saftige kulinarische Überraschungen oder schmackhafte Kombinationen stecken können.

In Italien sagt man, alle gefüllten Nudeln stammten von unseren Ravioli ab. Man kannte sie bereits im antiken Rom, im Mittelalter kamen sie dann in Mode. Zöge man eine imaginäre Linie von Italien nach China, der anderen großen Kochkultur mit einer langen Tradition gefüllter Teigtaschen, stießen wir in jedem Land, das wir kreuzen, auf eine andere Form gefüllter Teigtaschen. Auch wenn Form und Füllung variieren, das Prinzip bleibt dasselbe. Eine weiche Füllung mit einer dünnen Schicht frischem Pastateig zu umhüllen ist etwas, das uns mit China, dem anderen Mutterland der gefüllten Teigtasche, verbindet. Dort sind Nudelteigtaschen eine überaus ernste Angelegenheit, und es gibt unzählige Varianten [5]. Die Vielfalt ist so groß, dass man glaubt, sie seien von Zhang Zhongjing (150–219) erfunden worden, einem berühmten Arzt aus der Zeit der Han-Dynastie, die China von 206 v. Chr. bis 220 n. Chr. regierte. Der Legende nach kam er am kältesten Tag des Winters in ein Dorf und habe dort einige Dorfbewohner mit erfrorenen

5 — In China gibt es unzählige Arten gefüllter Teigtaschen, und es wäre unmöglich, sie alle aufzuzählen. Die verschiedenen Sorten – man unterscheidet hauptsächlich zwischen bündelartigen und halbmondförmigen Teigtaschen – variieren vor allem in der Größe, der Art des verwendeten Teigs, der Füllung und Zubereitung. In der Regel werden sie gedämpft, können aber auch gebraten oder gegrillt werden.

↑
Grundvoraussetzung für die Herstellung gefüllter Teigtaschen sind Fantasie und Geschicklichkeit.

Ohren vorgefunden. Um ihnen zu helfen, bereitete Zhang eine Mischung aus Hammelfleisch und Gewürzkräutern zu und wickelte sie in Nudelteig, sodass die Taschen in ihrer Form menschlichen Ohren ähnelten. Nachdem sie gekocht waren, verteilte er sie an die Bewohner, die damit von ihren Erfrierungen geheilt wurden. Die Legende zeigt, dass es nicht nur um Inhalt und Hülle, um Füllung und Teig geht. Bei der Zubereitung gefüllter Pasta spielt auch Geschicklichkeit eine wesentliche Rolle, damit sie in verschiedene Formen gebracht und mit einem welligen Rand verschlossen werden können.

Einfach oder raffiniert, regional und international, anpassungsfähig und doch mit Bezug zur Herkunftsregion, sind sie ein Wunder der Weltküche.

Bei der Geburt getrennt

Der bolognesische Tortellino, ein Bravourstück der Fingerfertigkeit, der Perfektion und des Geschmacks, und unbestritten das Nonplusultra italienischer gefüllter Pasta, hat einen Zwilling, von dessen Existenz er nichts wusste: Er heißt *dushbere* und lebt in Baku,

↑ Gefüllte Pasta ist vielseitig, auch in der Zubereitung. Die Teigtaschen können in Brühe oder gedämpft serviert werden.

der Hauptstadt von Aserbaidschan. Äußerlich gleichen sie einander, obwohl sie keine gemeinsamen Verwandten haben und sich in keiner Weise gegenseitig beeinflusst haben, denn jeder hat sich unabhängig vom anderen entwickelt. Beide werden aus Eiernudelteig hergestellt, der ausgerollt und in kleine Quadrate geschnitten wird. Die Füllung des Tortellino, basierend auf Fleisch und Käse, wird durch eine festgelegte Rezeptur geschützt, die bei der Handelskammer Bologna hinterlegt ist. Die Füllung der Dushbere besteht aus Lammfleisch und Zwiebeln. Beide werden in Brühe serviert (in Baku in Lammbrühe, in Bologna in Hühnerbrühe), sind nicht einfach herzustellen (es erfordert ziemliches Geschick, das knapp vier Zentimeter große Teigquadrat zu schließen und daraus einen »Nabel« zu formen), sind sehr beliebt und eine Herausforderung für jeden Hobbykoch. Dürfen sie doch nur so groß sein, dass zehn Stück auf einen Esslöffel passen! Abgesehen von der äußerlichen Ähnlichkeit haben sie auch die gleiche Funktion, die des reichhaltigsten und köstlichsten Gangs eines Festmahls nämlich, der in Gesellschaft genossen und heiß und duftend in einer Terrine serviert wird.

Liebe und Piroggen

Matylda Grzelak und Adrian Klonowski sind im polnischen Danzig geboren. Matylda ist Feinschmeckerin und Absolventin der Universität für gastronomische Wissenschaften in Pollenzo, Adrian ist Küchenchef. Seit sie sich bei einem Teller Piroggen kennengelernt haben, reisen sie gemeinsam durch die Welt, folgen ihrer Leidenschaft, vertiefen ihre professionellen Kenntnisse und vergleichen Kulturen und Traditionen miteinander. Derzeit leben sie in Bangkok. Die kulinarische Tradition Polens kennen sie wie ihre Westentasche, und die des Landes, in dem sie eine gewisse Zeit verweilen, setzen sie dazu in Beziehung. Dabei entdecken sie oft Parallelen, selbst wenn die Länder geografisch und kulturell sehr weit entfernt sind. Übrigens ist die polnische Esskultur, wie wir sie heute kennen, stark von tatarischen, jüdischen, deutschen und russischen Einflüssen geprägt. Dies ist der äußerst bewegten Geschichte des Landes geschuldet, die von Teilungen, Kriegen, Wiederansiedlungen und der Ära des Sozialismus in jüngerer Zeit geprägt ist. Natürlich gibt es in dieser Kochkultur viele regionale Unterformen, und das ist ein deutliches Zeichen dafür, dass Migration, Handel und unterschiedlicher Zugang zu Produkten die polnische Küche stark beeinflusst haben. Daher findet man viele Speisen und kulinarische Traditionen, die sich nicht an Landesgrenzen halten. Als Matylda und Adrian zum Beispiel in Estland lebten, entdeckten sie viele Gemeinsamkeiten, nicht nur beim Essen, sondern auch was die Sitten und Gebräuche angeht. Die Art und Weise, wie estnische Märkte aufgebaut sind, die Düfte und Gerüche, das Gebaren beim Warenverkauf vermittelten ihnen ein Gefühl von Heimat. Während ihres Aufenthalts in Bangkok und ihrer Reisen durch Indien entdeckten die beiden, wie verbreitet das Einlegen in Essig und die Milchsäuregärung sind, Verfahren, auf denen auch viele polnische Gerichte basieren. Sie rechneten nicht damit, Verbindungen zwischen Polen und Indien zu finden, doch die Käseherstellung, die Verwendung von Kefir und indischer Buttermilch wirkten vertraut auf sie. Ein weiteres interessantes Beispiel für die vielen unglaublichen Parallelen zwischen den Küchen der Welt ist das *bigos*, eine typisch polnische Hauptspeise. Dieser Eintopf aus Kohl, Pilzen, verschiedenen Fleischsorten, Trockenpflaumen, Kräutern und Gewürzen wird mit Brot serviert. In Polen hat jede Familie ihr eigenes Rezept, manche geben sogar Tomatensoße hinein. Matylda und Adrian waren überzeugt, dass Bigos ausschließlich polnischen Ursprungs sei und keine über die Welt verstreuten »Geschwister« habe. Aber es genügte eine Reise ins Elsass, und sie stießen auf Sauerkraut und *Potée Boulangère*, beides Gerichte, die mit Kohl, Fleisch und Früchten zubereitet werden. Wer sich bis nach Mexiko wagt, kann sogar *carne polaca* probieren, mit Kohl, Tomatensoße, Ketchup und Chipotle (geräucherte Chilischoten) gekochtes Fleisch, zu dem Brot gereicht wird. Auch im serbischen *Podvarak* werden Fleisch und Sauerkraut kombiniert. Nun kann man sich natürlich fragen, ob es tatsächlich ausschließlich polnische Gerichte gibt oder ob Küche immer kulturübergreifend ist.

Die vielen Ähnlichkeiten, auf die sie auf ihren Reisen gestoßen sind, haben ihr Bild der polnischen Küche und vom Essen im Allgemeinen erheblich verändert. Matylda arbeitet heute als Projektmanagerin der Initiative Food Forward India, die sich der Erforschung der Identität und der Zukunft indischer Lebensmittel widmet. Auf einer Veranstaltung in Mumbai befassten sich zahlreiche Vertreter der indischen Lebensmittelindustrie mit derartigen Fragen und versuchten, die Vielfalt der traditionellen indischen Küche und ihre reiche Geschichte – viele ethnische Gruppen und Minderheiten leisten ihren Beitrag dazu und lassen überall im Land »Mikroküchen« entstehen – zu ergründen. Einer der Redner, der Anthropologe Professor Kurush Dalal, vertrat die Auffassung, indisches Essen sei ein Gefühl, und genau dies – die Gemütsverfassung und die Mentalität der Inder – sei der kleinste gemeinsame Nenner aller Vielfalt.

Obwohl die Gerichte, die wir als polnisch betrachten, auch in allen Nachbarnationen und den Ländern der ehemaligen Sowjetunion auf den Tisch kommen, gibt es Unterschiede. »Für mich«, sagt Matylda, »werden sich unsere Piroggen immer von den russischen, die polnischen *kartacze* immer von den litauischen *cepelinai* unterscheiden, auch wenn es im Grunde die gleichen Gerichte sind. Der Unterschied liegt im Gemüt der Polen, das sich aus einer Reihe typischer Wesenszüge, Verhaltensweisen und einer Mentalität speist, die unseren Lebensmitteln einfach ein anderes Framing gibt, sodass wir sie sofort und intuitiv als spezifisch ›polnisch‹ identifizieren.«

↑

Ein Teller Piroggen, die klassischen gefüllten Teigtaschen der polnischen Küche

KLEINES INTERNATIONALES GLOSSAR DER GEFÜLLTEN PASTA

BÁNH BÔT LOC
Vietnam

Der Teig aus Tapiokamehl, der die Füllung aus Schweinefleisch und vietnamesischen Garnelen umschließt, wird beim Garen transparent und elastisch.

BAWAN
Taiwan

Diese Pastatasche mit einem Teig aus Reismehl, Mais- und Süßkartoffelstärke und einer Füllung aus Schweinefleisch, Bambussprossen und Pilzen ist ein typisch taiwanesisches Streetfood. Die Taschen werden zuerst gedämpft und dann gebraten.

BUUZ
Mongolei

Die mit einer Mischung aus Knoblauch und Rinder- oder Hammelhackfleisch gefüllten Teigtaschen werden im Dampf gegart. In der gebratenen Variante werden sie Khuushuur genannt.

CHUCHVARA
Zentralasien

Die kleine Teigtasche, die in Zentralasien und dem Nahen Osten verbreitet ist, ähnelt den türkischen Manti und wird auch Joshpara, Dushbara und Shishbarak genannt. Gefüllt mit Hackfleisch (meist Lamm) und Gewürzen, wird sie in Fleischbrühe gekocht und mit Joghurt oder saurer Sahne serviert.

DIM SIM
Australien

Manche Puristen behaupten, die australischen Dim Sim seien nichts anderes als eine Kopie der chinesischen Teigtaschen. Die Teighülle umschließt eine Mischung aus Fisch oder Fleisch in Kombination mit Kohl. Sie können gedämpft, frittiert oder gegrillt werden und sind im Allgemeinen deutlich größer als die chinesische Variante.

GYOZA
Japan

Ihr hauchdünner Teig wird mit Schweinehack, Kohl, Schalotten, Knoblauch und Ingwer gefüllt. Serviert werden sie mit Reisessigsoße, Sojasoße und Chiliöl.

JIAOZI
China

Diese mit Fleisch beziehungsweise Gemüse gefüllte Teigtasche ist die bekannteste in China und wird gedämpft, gekocht oder gebraten.

KHINKALI
Georgien

Traditionelle, meist mit gewürztem Rind- oder Schweinefleisch, Kräutern, Zwiebeln und Knoblauch gefüllte Pasta. Der dickliche Teig besteht aus Wasser und Mehl. Khinkali werden vor dem Kochen oben zusammengedreht, damit die Fleischsäfte nicht austreten, und sehen aus wie kleine Bündel. Vorsicht beim Essen! Verbrennungsgefahr!. Für gewöhnlich werden sie vor dem Servieren mit einer kräftigen Prise grob gemahlenem schwarzem Pfeffer bestreut.

KRABBEN-RANGOON
USA

Diese frittierte, mit Käse und Krabbenfleisch gefüllte Teigtasche bekommt man in allen chinesischen Take-away-Restaurants in den USA. Es mag kein authentisch chinesisches Gericht sein, aber die Liebe zu frittiertem Käse sprengt kulturelle Grenzen.

KREPLACH
Osteuropa

Aus der jüdischen Küche stammende, in Osteuropa gängige Nudelteigtasche, ähnlich der polnischen Uszka und den bolognesischen Tortellini. Die Fleisch-Kartoffel-Füllung wird von einem Eiernudelteig umschlossen. Dreieckig oder halbmondförmig wird sie in Hühnerbrühe serviert.

MANDU
Korea

Gekocht, gedünstet, frittiert oder kurz in der Pfanne angebraten. Man findet sie in zahlreichen Varianten. Die Füllung kann aus unterschiedlichen Zutaten wie Schweinefleisch, Rindfleisch, Gemüse oder Kimchi – der beliebtesten koreanischen Spezialität aus gewürztem, fermentiertem Gemüse – bestehen.

MANTI
Türkei

Man isst sie in der Türkei, aber auch in Nordwestchina, Aserbaidschan und Kasachstan. Sie werden mit Füllung – Lamm-, Rind-, Wachtel- oder Hühnerfleisch –, aber auch ganz ohne Füllung zubereitet. Die türkischen Manti werden mit Joghurt, etwas Pfeffer und geschmolzener Butter serviert.

MAULTASCHEN
Deutschland

Große Pastataschen mit einer Füllung aus Brät, Spinat, Semmelbröseln und Zwiebeln, verfeinert mit diversen Kräutern und Gewürzen. Die aus Schwaben stammenden Teigtaschen ähneln den italienischen Tortelli.

MOMO
Tibet, Nepal, Indien

Die mit Fleisch (in der Regel Rindfleisch oder Yak), Gemüse oder Käse gefüllten Teigtaschen isst man mit einer Tomatensoße namens *momo ko achar*. Sie werden gedämpft oder gebraten und sowohl in Restaurants als auch von Straßenverkäufern angeboten.

PELMENI
Russland

Die besonders würzigen, aus Sibirien stammenden Teigtaschen wurden vermutlich von den Mongolen in Russland eingeführt. Sie ähneln den chinesischen Jiaozi, den türkischen Manti und den osteuropäischen Piroggen. Allerdings ist der Teig etwas dicker. Pelmeni werden in Salzwasser gekocht und können mit allen nur denkbaren Zutaten gefüllt werden, von Fleisch (Rind, Schwein oder Hammel) bis hin zu Pilzen und Käse.

PIROGGEN
Polen

Ein Kultgericht der polnischen Küche. Die Füllung kann aus Kartoffeln, Hackfleisch, Käse, Pilzen, Früchten oder Sauerkraut bestehen. In der Regel werden die Piroggen zuerst gekocht und dann mit Zwiebeln in Butter angebraten. Köstlich!

SCHARFE WAN TAN SZECHUAN-ART (oder CHAO SHOU)
China

Sie werden in scharfem Chiliöl mit Szechuan-Pfefferkörnern und einer schwarzen Reisessigsoße gereicht. Die gekochten Teigtaschen sind so glitschig, dass man sie mit den Stäbchen kaum zu fassen bekommt.

SIOMAY
Indonesien

Gedämpfte Teigtasche mit Fischfüllung, zu der Gemüse und Erdnusssoße gereicht werden. Am beliebtesten ist die Variante aus Bandung, die von zahlreichen, mit Rädern umherfahrenden Straßenhändlern selbst zubereitet zum Verkauf angeboten wird.

TORTELLI
Italien

Es gibt sie in verschiedenen Formen und Größen und mit unzähligen Füllungen (auf Basis von Fleisch, Käse oder Gemüse). In der Regel sind sie klein und werden in Brühe oder mit Tomatensoße, Fleischragout oder Butter und Salbei serviert.

USZKA
Polen

In der Form ähneln sie den Tortellini, sind aber eine Mischung aus Kreplach und Pelmeni. Das Wort *uszka* steht im Polnischen für »kleine Ohren«. Üblicherweise werden sie mit Hackfleisch und Pilzen gefüllt und in Borschtsch serviert, der berühmten säuerlichen Suppe aus Fleisch und Roter Bete. Traditionell isst man sie an Heiligabend.

WAN TAN MIT GARNELEN
Japan

Dicke Teigtasche, gefüllt mit Garnelen und Schweinehackfleisch. Wird für gewöhnlich mit dünnen Eierspaghetti oder in Fischbrühe serviert.

WAN TAN
China

Sie ähneln Jiaozi, haben allerdings einen dünneren, weicheren Teig. Üblicherweise werden sie in Brühe serviert. Die Zubereitung variiert von Region zu Region. Manchmal enthalten sie Schweinefleisch, Kohl oder anderes Gemüse.

WARENIKI
Ukraine

Sie ähneln den polnischen Piroggen und werden mit Fisch (Karpfen oder Lachs) oder Zwiebelfleisch, Sauerkraut, Käse, Kartoffeln und reichlich Pfeffer gefüllt. Es gibt auch eine süße Variante mit einer Füllung aus Früchten und Käse.

TEIGTASCHEN AUS ALLER WELT

Jiaozi

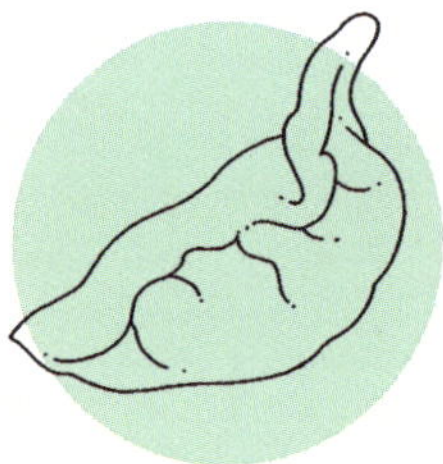

CHINA

Krabben-Rangoon

USA

Buuz

MONGOLEI

Gyoza

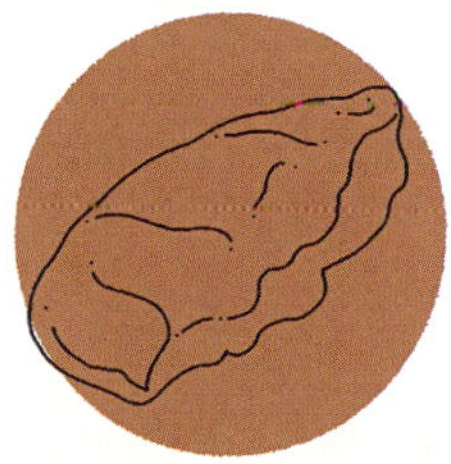

JAPAN

Khinkali

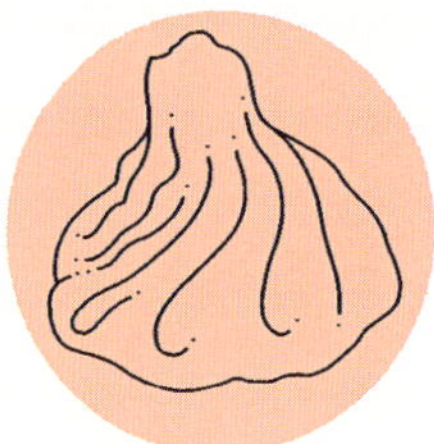

GEORGIEN

Mandu

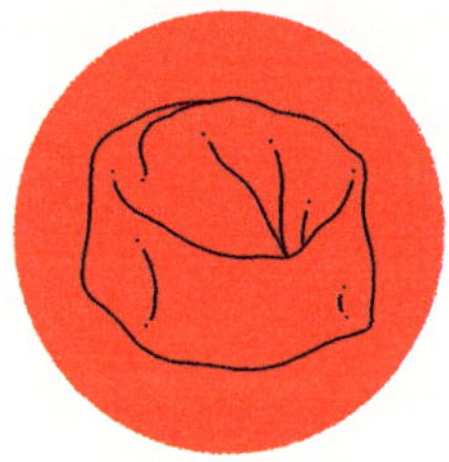

KOREA

Manti

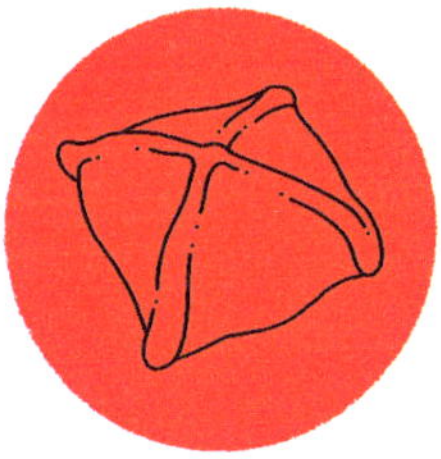

TÜRKEI

Momo

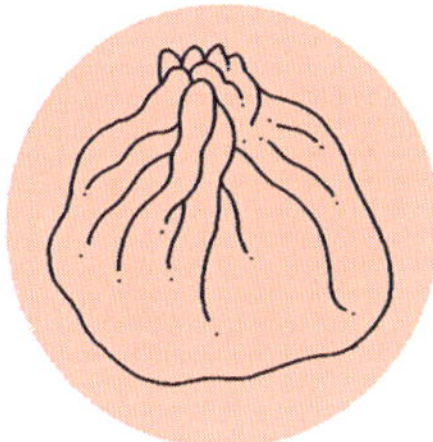

TIBET / NEPAL / INDIEN

Pelmeni

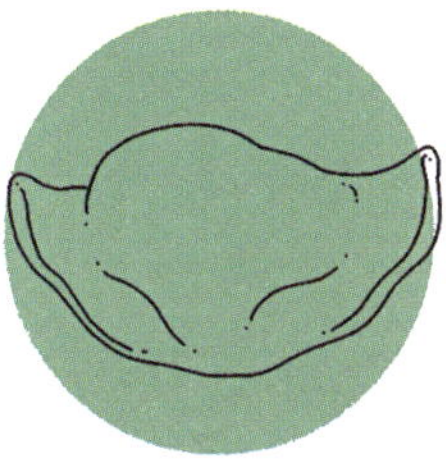

RUSSLAND

Piroggen

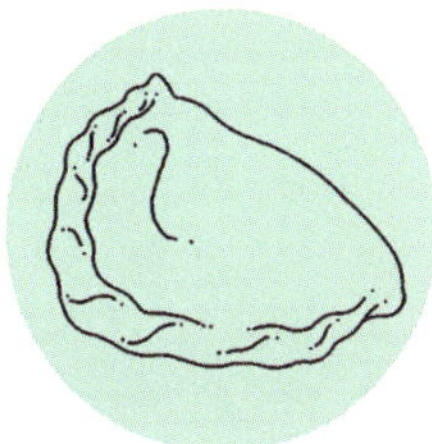

POLEN

Tortellini

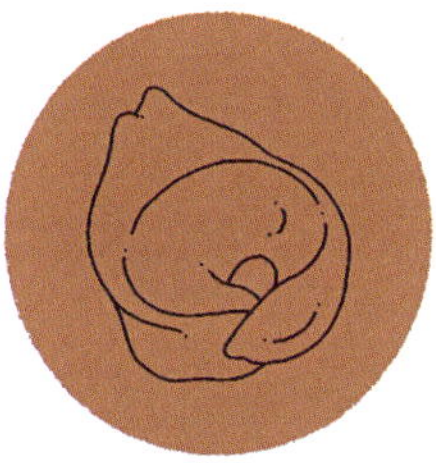

ITALIEN

Ravioli

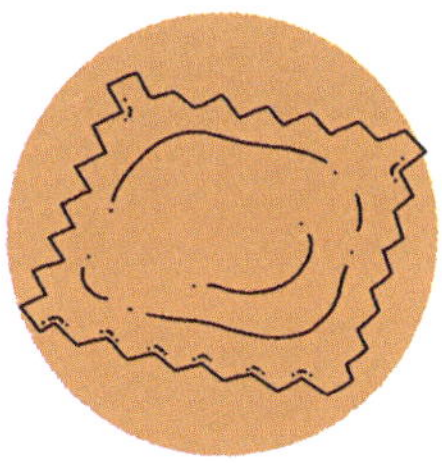

ITALIEN

Von der Pasta zum Couscous

Couscous ist ein aus dem Maghreb stammendes Gericht, das auf Hartweizengrieß basiert. Dieser wird unter Zugabe von Wasser zu kleinen Kügelchen zerrieben, anschließend im Dampf gegart und mit feuchten Kondimenten versehen, die daran haften. Auch in der italienischen Esskultur, vor allem im westlichen Sizilien, etwa in der Provinz Trapani, und im Süden Sardiniens, ist er präsent. Ende des 19. Jahrhunderts tauchte Couscous erstmals in italienischen Kochbüchern auf.

In seinem Kompendium *Die klassische italienische Kochkunst* äußerte sich der Feinschmecker Pellegrino Artusi überaus skeptisch: »[...] Ob es jedoch gelingt, es gut verständlich zu erklären, kann ich nicht versprechen.« Vom Maghreb aus eroberte das Gericht die ganze Welt, weil es sich um eine clevere, schnelle, praktische, preiswerte und nahrhafte Mahlzeit handelt. Traditionell wird Couscous auf großen Tellern serviert, die in die Mitte des Tisches gestellt werden, an dem die Gäste sitzen, die ihn mit den Händen essen. Und damit nichts herunterfällt, bevor es in den Mund gelangt, werden der Grieß und die Fleisch-, Fisch- oder Gemüsestücke zusammengedrückt. Die Speise hat einen überaus symbolträchtigen Charakter, steht sie doch für das Teilen schlechthin. Zudem ist es üblich, dass sich die ganze Familie an der Zubereitung beteiligt.

Abgesehen von der Tradition und den Ursprüngen ist Couscous heute ein internationales Gericht.

Denn, wie gesagt, es ist ein cleveres Gericht, und clevere Ideen kennen keine Grenzen und werden überall gerne willkommen geheißen.

Eine der größten Couscous-Fabriken Europas (vielleicht sogar weltweit) befindet sich im italienischen Argenta, in der Provinz Ferrara. Bei der Biovariante des Produkts ist das Unternehmen sogar international führend. Ausgelöst durch eine wirtschaftliche Krise vor etwas mehr als zehn Jahren investierte das Unternehmen namens Bia in ein Ethnoprodukt und stellte seine Produktion von Nudeln (dem italienischen Flaggschiff) auf Couscous (das Flaggschiff des Maghreb) um und machte daraus ein Made in Italy.

6 — Die Daten stammen vom März 2018.

↑
In Marokko wird Couscous häufig zu Fleisch- und Fischeintöpfen in der typischen Tajine serviert.

Dahinter verbirgt sich folgende Geschichte: Um seine Nudelfabrik 2005 vor dem Ruin zu retten, musste sich Luciano Pollini etwas einfallen lassen, und so beschloss er, auf Couscous zu setzen, denn er war von diesem cleveren Produkt überzeugt. Er begann zu forschen und reiste nach Frankreich (europaweit das Land mit dem höchsten Couscous-Verbrauch), nach Afrika und überall dorthin, wo er mit Menschen in Kontakt kam, die bereits in dieser Branche tätig waren. Im folgenden Jahr nahm er in Argenta die Produktion von in Dampf gegartem, getrocknetem Couscous auf. Heute hat Bia einen Umsatz von fast 30 Millionen Euro und beschäftigt 73 Mitarbeiter [6]. 85 % der Produktion gehen ins Ausland, in 50 Länder, vor allem in Europa, Südamerika und Afrika. In Italien verzeichnet der Couscous-Markt jährlich beträchtliche Zuwächse. Pollinis Absicht ist es, den Nudel- und Reisherstellern Konkurrenz zu machen, und er ist überzeugt, dass es mit dem Couscous genauso laufen wird wie mit den arabischen Zahlen: Wir haben uns daran gewöhnt, die arabischen anstelle der römischen Ziffern zu verwenden, weil es bequemer war.

REIS

**EIN ESSEN OHNE REIS
IST KEIN ESSEN**

(Altes japanisches Sprichwort)

Was haben Sushi, Risotto, Paella und Biryani gemeinsam? Es sind legendäre Gerichte aus verschiedenen Ländern, nämlich aus Japan, Italien, Spanien und Indien. Sie alle basieren auf dem meistverzehrten Lebensmittel der Welt: Reis. Seit Jahrtausenden ernähren sich Menschen täglich auf allen Kontinenten, in allen Breiten von Reis.

Da versteht es sich von selbst, dass jede Kultur so etwas wie ein »Reisnationalgericht« hat und die Getreidekörner auf unterschiedlichste Art und Weise – von ganz einfach bis überaus komplex – interpretiert. Denn bereits in seiner Grundform, gekocht oder gedünstet, ohne Beilage und klebrig, ist Reis genießbar, kann aber ebenso mit jeder Art von Fleisch, Fisch und Gemüse und den meisten internationalen Gewürzen kombiniert werden.

Um zu verstehen, wie weit verbreitet und wie beliebt er ist, genügt ein Blick auf das Portal TasteAtlas, wo Lebensmittel aus der ganzen Welt auf einer Landkarte dargestellt werden. TasteAtlas geht auf die Idee des kroatischen Journalisten und Unternehmers Matija Babic zurück. Er war es nämlich leid, auf den einschlägigen Websites für Bewertungen und Reisetipps ausschließlich Gerichte und Restaurants für Touristen zu finden. So machte er sich mit einer echten anthropologischen Untersuchung auf die Suche nach typischen, authentischen Gerichten in aller Welt. Für die Erstellung des Portals benötigte er drei Jahre und die Unterstützung von einem Dutzend Personen, die sich darum kümmerten, Informationen zusammenzutragen und Küchenchefs und Fachleute zu kontaktieren. Gibt man dort den Suchbegriff »Reis« ein, erhält man mehr als 100 typische Gerichte aus ebenso vielen Teilen der Erde, die auf unterschiedlichste Weise und mit einer unzähligen Vielfalt an Reissorten zubereitet werden.

Konfliktträchtiger Reis

Obwohl »Online-Kriege« weit weniger blutig und abscheulich sind als Konflikte auf realen Schlachtfeldern, werden sie doch nicht weniger erbittert geführt. Seit einigen Jahren schwelt ein Konflikt um Hashtags, in dessen Mittelpunkt ein Reisgericht namens Jollof Rice steht, ein köstliches Gericht von milder Süße und feiner Schärfe. Es ist so beliebt, dass man es geradezu verehrt, gibt jedoch gleichzeitig Anlass zu hitzigen Online-Diskussionen zwischen Nigerianern, Ghanaern und Senegalesen um das »Copyright«. Der orangerote Reistopf wird mit Tomaten, Zwiebeln, Paprika und anderen Zutaten langsam gegart. Üblicherweise kommen Gemüse wie Erbsen sowie Huhn und Rindfleisch, vor allem aber Fisch hinein. Obwohl das Gericht einer uralten Tradition entstammt, hat es sich seinen Zauber und seine Aktualität bewahrt und wird in ganz Afrika, vor allem aber im Westen – Senegal, Ghana, Nigeria, Gambia, Sierra Leone, Liberia und Kamerun – geschätzt. Aufgetischt wird es immer dann, wenn Menschen zusammenkommen, besonders an wichtigen Feiertagen, und wird normalerweise ganz ohne Beilage mit gebratenen Kochbananen oder Bohnenpudding serviert.

Zu seinen Ursprüngen gibt es die unterschiedlichsten Theorien. Am glaubwürdigsten erscheint die Version, derzufolge es zwischen dem 14. und 16. Jahrhundert im früheren Wolof- oder Jolof-Reich (worauf der Name zurückgeht) entstand, welches sich über das heutige Staatsgebiet von Senegal, Gambia und Mauretanien erstreckte. Im Laufe der Zeit und durch die Kolonialisierung (mit den Portugiesen etwa kamen Tomaten hinzu) nahm das Reisgericht seine heutige Form an. Je nachdem, in welcher Region es sich fortentwickelte, bildeten sich verschiedene Varianten heraus, die mit den lokalen Zutaten, der lokalen Kultur und Küche verschmolzen.

In den sozialen Medien dreht sich unter dem berühmten Hashtag #JollofWars alles um die beste Version des Gerichts, eine Frage, die zwischen Westafrikanern (aber nicht nur, denn mittlerweile hat die Angelegenheit eine globale Dimension erreicht) einen echten Wettstreit entfacht hat. In Ghana wird Basmati- oder Thai-Reis verwendet, den man mit Gewürznelken, Muskatnuss oder Zimt verfeinert. In Nigeria nimmt man langkörnigen Parboiled-Reis und kombiniert ihn mit Tomaten, Habanero-Chilis, roten Paprikaschoten und Zwiebeln. An Festtagen werden für gewöhnlich große Mengen in riesigen gusseisernen Töpfen über dem Feuer zubereitet, wodurch das Gericht eine leicht rauchige Note bekommt. Im Senegal reibt man die Pfanne zuvor mit Tamarindensoße und Palmöl ein, sodass eine goldgelbe Kruste entsteht, die dem Gericht etwas Knackiges verleiht. Rindfleisch, Karotten und grüne Bohnen hingegen sind seine Begleiter in Kamerun. In Liberia würzt man es mit scharfen Chilischoten.

Der Jollof Rice ist auch außerhalb Afrikas derart beliebt, dass der britische Fernsehkoch Jamie Oliver 2014 eine eigene Version präsentierte und eine Zutat hinzufügte, die in keinem einzigen afrikanischen Rezept vorkommt: Koriander. Er bereute dies schon kurze Zeit später, als ihn die Afrikaner geschlossen und einig in ihrer Kritik an der Verfälschung des Gerichts und dem begangenen Sakrileg mit Beschimpfungen überzogen und damit #Jollofgate auslösten.

Das Beispiel zeigt anschaulich, dass es nicht nur um das Primat der Erfindung oder die Authentizität einer Speise geht, sondern auch darum, welche Variante die beste ist. So kam es, dass Mark Zuckerberg, der darüber informiert war, wie heikel *jollof gate* ist, 2016, als er anlässlich seines Besuchs in Nigeria [7] den örtlichen Jollof Rice probierte, im Rahmen einer Tagung folgende diplomatische Äußerung machte: »Gestern habe ich Jollof Rice mit Krabben gegessen. Er war einfach köstlich! Man sagte mir, der Jollof anderer Nachbarländer sei nicht mit dem nigerianischen zu vergleichen.« Doch die Auseinandersetzung geht weiter, mit immer neuen Artikeln, Posts und Musikvideos, die viral gehen.

Wie der Reis in den Mund gelangt

Reis wird überall auf der Welt gegessen, auch wenn die Rezepte, nach denen er zubereitet wird, aber auch die Rolle, die er auf dem Teller einnimmt (mal als üppiger Protagonist wie beim Risotto, mal als neutrale Beilage für Speisen, die Unterstützung durch Kohlenhydrate brauchen), und – worum es hier gehen soll – die Art und Weise, wie er in den Mund gelangt, ganz unterschiedlich sind. Und zwar so unterschiedlich, dass man die Erde nach den Hilfsmitteln, die zum Reisessen verwendet werden, neu aufteilen könnte. Im Wesentlichen sind es drei: Hände, Besteck und Stäbchen (siehe Abbildung Seite 200–201). Welches Hilfsmittel benutzt wird, ist abhängig von den angestammten Gewohnheiten, den religiösen Überzeugungen, die in den Heiligen Schriften der jeweiligen Glaubenslehre niedergelegt sind, von kulturellen Errungenschaften und ethnischen Vermischungen sowie von praktischen Gründen (bestimmte Gerichte mit Stäbchen zu essen ist nämlich gar nicht so einfach). Wie einem überaus interessanten Artikel von William Audureau und Pierre Breteau, der im Januar 2019 in der Zeitung *Le Monde* erschien, zu entnehmen ist, sind die Hände das am häufigsten verwendete Hilfsmittel: 3,5 Milliarden Menschen nutzen sie zur Nahrungsaufnahme. Das gilt nahezu für die gesamte muslimische Welt und für fast ganz Afrika (dort wird der Reis so lange geknetet, bis daraus eine Kugel wird), aber, wenn auch in

Tendenz steigend. Dabei nimmt der Verbrauch vor allem im Westen des Kontinents zu, wo Reis die Grundlage der täglichen Ernährung bildet.

7 — Unter den afrikanischen Ländern ist Nigeria der größte Reisproduzent und -importeur. Insgesamt werden in den Ländern Subsahara-Afrikas ca. 28 Millionen Tonnen jährlich produziert und 32 Millionen Tonnen konsumiert.

→
In der italienischen Haute Cuisine wird Risotto häufig als erster Gang serviert. An seiner Zubereitung wird das Können eines Kochs gemessen.

geringerem Maße, auch für Südwest- und Zentralasien sowie einige Länder Ozeaniens und Südamerikas. Meist wird die rechte Hand benutzt, da die linke in vielen Religionen und Kulturen als unrein gilt. Doch beeinflusst die Essensaufnahme mit den Händen den Geschmack dessen, was wir zu uns nehmen? Anders ausgedrückt: Hat die Hand einen Geschmack? Warum haben wir den Eindruck, dass etwa Pommes frites besser schmecken, wenn wir sie mit den Händen statt mit der Gabel essen? Doch eins nach dem anderen. Ja, die Hand hat einen Geschmack, der auf Englisch als *hand taste* bezeichnet wird. Es ist ein nicht wahrnehmbarer Geschmack, der sich aus dem zusammensetzt, was jede Hand einzigartig macht – Körpertemperatur, pH-Wert, Bakterien und anderes mehr –, und der unweigerlich einen verändernden Einfluss auf die Lebensmittel hat, mit denen sie in Berührung kommt. Und zwar unabhängig davon, ob man eine Speise mit dieser Hand zubereitet oder verzehrt. Bäcker und alle, die mit Teig arbeiten, behaupten, dass jede Hand dem, was sie bearbeitet, einen anderen Geschmack verleiht. Das liegt nahe, denn schließlich sind es unsere Hände, die uns einzigartig machen. Man muss nur an

Fingerabdrücke denken, die Spuren, die die Papillarleisten auf den Fingerkuppen, also die Erhebungen und Furchen der Haut, hinterlassen und die bei jedem Menschen eine andere Form aufweisen. Sie sind individuell, einzigartig und haben Bestand. Sie werden im achten Schwangerschaftsmonat beim Fötus ausgebildet und bleiben ein Leben lang unverändert. Daher dienen sie auch als persönliches Erkennungsmerkmal.

Mit den Händen zu essen ist etwas Intuitives, Atavistisches, leicht Rebellisches, das uns an unsere Kindheit oder an prähistorische Zeiten erinnert, als die Menschen das Essen mit den Händen aufnahmen. Es handelt sich also um einen spontanen Akt, der unserem Wesen entspricht. Das gilt für Pommes frites ebenso wie für andere Speisen, die, weil es praktisch ist oder aus Gründen des Anstands, mit den Händen gegessen werden können und bei deren Verzehr die Verwendung einer Gabel das sensorische Erlebnis sogar beeinträchtigen würde, wie etwa bei Pizza, gebratenen Hähnchenflügeln, Lammkoteletts, Hamburgern, mexikanischen Tacos, Falafeln oder griechischer Pita.

Als Alternative oder zur Unterstützung der Hände kommt der Löffel ins Spiel, der in Gambia, Niger, Pakistan, Papua-Neuguinea, Somalia oder Sri Lanka verwendet wird. Abgesehen natürlich vom gesamten Abendland. Hier allerdings ist die Gabel das am häufigsten verwendete Hilfsmittel, um Essen zum Mund zu führen. Erstmals urkundlich erwähnt wird ihre Verwendung im 11. Jahrhundert. Ausgelöst wurde diese bizarre Vorliebe durch eine byzantinische Prinzessin, die nach Venedig kam, um einen Dogen zu heiraten. Der Kirchenlehrer Petrus Damiani war es, der diese von der illustren Persönlichkeit eingeführte Mode im Keim erstickte, indem er die Gabel als diabolisches Instrument verteufelte und die Dummheit ihrer Benutzer anprangerte. In den folgenden Jahrhunderten wurde die Gabel für den Verzehr von Pastagerichten unverzichtbar, und so kam sie zuerst in Italien zum Einsatz. Unter dem Einfluss der italienischen Königshäuser verbreitete sie sich schließlich im übrigen Europa, wo Aristokraten noch im 17. Jahrhundert bei Banketten mit den Fingern zu essen pflegten. Der Schriftsteller Montaigne, Molière und sogar der Sonnenkönig zogen die Finger entschieden der Gabel vor. Der französische Herrscher ließ sich allerdings überreden, sie bei offiziellen Banketten in Versailles zu verwenden. Königin Elisabeth I. benutzte kleine Gabeln für Obst, für alles Übrige aber die Hände. Erst im 18. Jahrhundert nahm die Kirche das von Petrus Damiani als diabolisch verfemte Hilfsmittel noch einmal unter die Lupe, und schließlich hielt es auch Einzug in den Klöstern.

Durch den Kolonialismus und später durch den internationalen Tourismus verbreitete sich die Gabel auch in anderen Ländern. Der iberische Einfluss sorgte dafür, dass sie sich nicht nur in Südamerika, sondern auch in zahlreichen Ländern Afrikas voll etablierte.

Im Allgemeinen hängt es von der Form und Beschaffenheit der Lebensmittel ab, die in der jeweiligen kulinarischen Kultur verspeist werden, welche Hilfsmittel zum Essen verwendet werden. Chinesische Essstäbchen beispielsweise wurden mit Beginn der Herstellung und des Verzehrs langer Nudeln um 600 n. Chr. eingeführt. Die bis dahin verwendeten Löffel verschwanden, waren sie doch zur Aufnahme langer Nudeln ungeeignet. Als es sich einbürgerte, Lebensmittel in kleine Stücke zu schneiden, um sie schneller und kostensparender zu garen, wurden Essstäbchen populär. Und nicht zuletzt folgte man damit Konfuzius, der dazu aufforderte, die Verwendung von Messern bei Tisch zu vermeiden, weil in freudiger, geselliger Umgebung nicht an Waffen und Krieg erinnert werden sollte. Auch die Form der Stäbchen hat eine bestimmte Bedeutung: Ein Ende ist rund, das andere quadratisch, Ersteres symbolisiert den Himmel, Letzteres die Erde. Bei den Materialien, aus denen sie gefertigt werden, reicht das Spektrum von hochwertig (Elfenbein, Silber, Messing oder Koralle) bis hin zu den Einwegprodukten aus Bambus oder Holz, die 1878 in Japan erfunden wurden. Diese sind an den oberen Enden miteinander verbunden und werden vor der Verwendung beherzt auseinandergebrochen. Man nennt sie Waribashi, was wörtlich übersetzt »teilbar« bedeutet. Essstäbchen werden in jedem chinesischen Restaurant gereicht (für weniger Versierte stehen allerdings immer auch Gabeln und Löffel zur Verfügung), und wir müssen uns schon ziemlich anstrengen, wenn wir den Reis Korn für Korn auf diese Weise essen möchten. Die Tatsache, dass wir sowohl Essstäbchen als auch Gabeln bekommen, zeigt, dass Bräuche nicht starr und in Stein gemeißelt sind, sondern sich durch kulturelle Kontakte und ethnische Bewegungen ständig weiterentwickeln.

↓ **INTERNATIONALE REISSORTEN:** Die größten Reisanbaugebiete der Welt liegen in asiatischen Ländern, allen voran China und Indien. So entfällt mehr als die Hälfte der internationalen Reisproduktion auf Asien. In Europa ist Italien der Haupterzeuger.

INTERNATIONALE REISSORTEN – EINE AUSWAHL

Red Rice

BORNEO

Calrose

KALIFORNIEN

Venere

CHINA / ITALIEN

Roter Camargue-Reis

FRANKREICH

Basmati

INDIEN / PAKISTAN

Arborio

ITALIEN

Carnaroli

ITALIEN

Ribe

ITALIEN

Vialone Nano

ITALIEN

Wildreis

NORDAMERIKA / VIETNAM

Bomba

SPANIEN

Thai-Reis

THAILAND

HUHN

DAS ALLGEMEINGUT

Nach Pizza (mit 43,5 Millionen Posts) und Sushi (26,1 Millionen) steht das Huhn bei Nahrungsmittelbeiträgen auf Instagram an dritter Stelle. Gibt man den Hashtag #chicken ein, werden aktuell 23,8 Millionen Fotos der unterschiedlichsten Zubereitungsarten des Geflügels angezeigt. Hähnchen ist eine der meistverzehrten Fleischsorten der Welt, dicht gefolgt von Schweinefleisch. Hühnerfleisch zeichnet sich allerdings dadurch aus, dass es vielseitig, preiswert, leicht verfügbar ist und keinen religiösen Tabus unterliegt.

Das Huhn steht für eine gesunde, für jedermann erschwingliche Ernährung. Als Hauptgericht – ikonisch ist das Bild vom dampfenden Brathähnchen oder der Hühnerkeule, die mit den Händen gegessen wird –, als Zutat par excellence der »heimatlosen« Gerichte, die zur sogenannten internationalen Küche großer Hotels zählen (französisch angehaucht, aber ohne regionalen oder nationalen Bezug) oder als Fast-Food-Produkt und Fertiggericht, wie sie in Supermärkten und Automaten an Flughäfen und Bahnhöfen verkauft werden.

Diese »heimatlosen« Gerichte haben etwas Beruhigendes, denn wo immer auf der Welt ich mich gerade befinde, ich kann sicher sein, dass ich ein Club Sandwich, einen Toast oder einen Caesar Salad bestellen kann. Ohne das berühmte Kiewer Kotelett oder das Huhn Stroganoff zu bemühen, ist der Caesar Salad ein Paradebeispiel für die Schmackhaftigkeit und Beliebtheit dieses Geflügels. Und es handelt sich zudem um eine weitere multikulturelle Speise, die ihre eigene Geografie hat. Der Caesar Salad, der in den Vereinigten Staaten seinen Siegeszug antrat, bevor er den Rest der Welt eroberte, wurde im mexikanischen Tijuana von einem italienischen Koch kreiert. Er hieß Cesare Cardini und war Eigentümer von Caesar's Restaurante Bar, einem Lokal, das noch heute existiert und über dessen Eingang noch immer der berühmte Schriftzug »HOME OF THE LEGENDARY CAESAR'S SALAD« prangt. Am Lago Maggiore geboren, war Cardini nach dem Ersten Weltkrieg in die USA ausgewandert. Es war die Zeit der Prohibition und der Konsum von Alkohol landesweit verboten. Deshalb beschloss Cardini – wie viele andere auch –, nach Mexiko zu gehen und dort sein Lokal zu eröffnen. Die Geschäfte liefen gut, und wenn man der wahrscheinlichsten Version der Geschichte Glauben schenken darf, drohten Cardini am 4. Juli 1923, dem volksfestartig begangenen Unabhängigkeitstag, wegen des großen Zustroms an Gästen die Zutaten auszugehen, und so improvisierte er ein Gericht mit Romanasalat, gehobeltem Parmesan und Croûtons, das er mit einer Soße aus Olivenöl, Eigelb, Zitronensaft, Knoblauch, Pfeffer und Worcestersoße anmachte. Gekrönt wurde das Ganze mit gegrilltem Hähnchenfleisch. Es war, wie man so schön sagt, das richtige Rezept zur richtigen Zeit.

Wegen der Beschränkungen der Prohibition kamen viele Hollywood-Berühmtheiten und wohlhabende Kalifornier über die Grenze, um sich in mexikanischen Bars zu vergnügen. So wurden Cardinis Lokal und sein Salat zu einem absoluten Muss, und es dauerte nicht lange, bis der Caesar Salad die Restaurants in Los Angeles, in New York

↑
Weltweit gibt es unzählige Hähnchengerichte, und jede Kultur hat ihre eigenen Varianten.

und schließlich in Europa eroberte und schon bald zum beliebtesten Trendgericht der damaligen Zeit wurde. In den 1940er-Jahren bezeichnete ihn das *Gourmet Magazine* als »kulinarischen Glücksfall der Stunde«, und zehn Jahre später prämierte ihn die International Society of Epicures als »das beste Rezept, das in den letzten fünfzig Jahren aus Amerika kam«. Für mich ist der Caesar Salad ein weiterer Beweis dafür, dass Gerichte durch interkulturellen Austausch entstehen und sich kaum auf ein einziges, territorial begrenzbares Gebiet reduzieren lassen.

Gebraten schmeckt es allen

Man weiß nicht, wann genau in der Menschheitsgeschichte jemand auf die Idee kam, dass das Braten von Geflügel, insbesondere von Huhn, eine vortreffliche Idee sei.

Brathähnchen ist ein kosmopolitisches Gericht, und selbst wenn es nach verschiedensten Rezepturen zubereitet und in unterschiedlichsten Formen serviert wird, ist man sich auf der ganzen Welt einig, dass es eine Köstlichkeit ist. Ein Teil des Vergnügens liegt

↑
Das Braten ist eine altbekannte Zubereitungsart für Geflügelfleisch.

darin, es mit den Händen zu essen und sich die Finger abzulecken. Das Spektrum reicht vom gebratenen amerikanischen Hähnchen nach Südstaaten-Art, das vor dem Braten in Buttermilch eingelegt wird, über das würzige Huhn im Nashville-Style, von knusprigen Hähnchenflügeln bis zum doppelt frittierten koreanischen Huhn, vom japanischen Karaage (das vor dem Braten in Sojasoße, Ingwer und Knoblauch mariniert wird) über das thailändische Huhn, das – wie auch das singapurische und indonesische – zuvor in Knoblauch und Austernsoße eingelegt wird, bis zum Poulet Yassa, dem traditionellen würzigen Brathähnchen aus dem Senegal. Auf den Philippinen wird das Huhn vor dem Braten mit einer Marinade aus Knoblauch, Essig, Sojasoße, Salz und Pfeffer, genannt Adobo, eingerieben. Und dann gibt es noch die chinesische, die brasilianische und die italienische Variante des Brathähnchens, Letzteres zubereitet in einem Teig aus Eiern und Semmelbröseln. Überall auf der Welt wird Brathähnchen in Papiertüten, Körbchen, Eimern, Spitztüten, in Sandwiches, im Ganzen, in mundgerechten Stücken, als Filets, Flügel, Schenkel, Sticks und in vielen anderen Formen serviert.

Das »rassistische« Huhn

Als 2018 der mit drei Oscars – darunter einer für den besten Film des Jahres – prämierte Film *Green Book* von Regisseur Peter Farrelly in den USA herauskam, sorgte die Brathähnchen-Szene, in der Tony Lip (Viggo Mortensen) überrascht feststellt, dass sein afroamerikanischer Arbeitgeber Don Shirley (Mahershala Ali) im Gegensatz zu anderen Afroamerikanern, die er kannte, kein Brathähnchen aß, für zahlreiche Kontroversen. Brathähnchen zu essen ist etwas für People of Color, und in einem Land wie den USA, wo Rassismus an der Tagesordnung ist, griff die Filmszene eines der meistverbreiteten, schmerzlichsten Stereotype auf. Aber wie können bei einem derart köstlichen Essen solche Hintergedanken entstehen? Das habe ich mich bereits gefragt, als ich das erste Mal mit der amerikanischen Südstaaten-Küche in Berührung kam. Und deshalb verdient dieses Thema einen kleinen Exkurs.

In den letzten Jahren hat sich die gehobene Küche zu einem Kulturbereich entwickelt, dem es gelingt, die Intellektuellen auf den Plan zu rufen, die Gemüter in aller Welt zu bewegen und die Geschichte eines Landes und seiner Traditionen mit modernsten Mitteln zu erzählen, wobei oft ganze Gemeinschaften und unentdeckte oder nur teilweise bekannte Regionalküchen ins Rampenlicht gerückt werden. Die Geschichte eines Gerichts steht dann für die Geschichte einer ganzen Bevölkerung, die so mit dem Rest der Welt kommunizieren, in Beziehung gesetzt werden kann. Denn ein hervorragender Koch und eine großartige Küche zeichnen sich heute durch die Fähigkeit aus, etwas auszusagen, sich auseinanderzusetzen, die Identität, die historische und soziale Schichtung einer Nation in einem Gericht zu bündeln. Heute treffen die besten Köche der Welt aufeinander, nehmen teil an internationalen Events und Konferenzen, treten in eigenen Fernsehsendungen auf und veröffentlichen Bücher im Selbstverlag. Wer meinen Beruf ausübt, kann sie ohne Weiteres treffen, und es ist reizvoll, etwas über ihre persönliche Geschichte und ihre Herkunftsländer zu erfahren. So wie damals, als ich Sean Brock kennenlernte, den bedeutendsten Küchenchef der amerikanischen Südstaaten, Besitzer einer Handvoll Restaurants und zugleich Populärwissenschaftler und TV-Promi. Mit seinen historischen und anthropologischen Forschungen, Büchern und Studien hat er versucht, die authentische Küche der Südstaaten neu zu beleben, und gilt heute als einer der führenden Experten. Der aus Virginia stammende, in Charleston, South Carolina, lebende Brock hat eine enge Beziehung zum Land und zur Landwirtschaft und versucht, die authentischen Zutaten, Aromen und Rezepturen der Südstaaten-Küche, die unweigerlich durch deren Geschichte geprägt ist, wiederzuentdecken und weiterzugeben.

Ende des 17. Jahrhunderts legten viele Handelsschiffe für einen Zwischenstopp oder Wartungsarbeiten in Charleston an. Um die Reparaturen bezahlen zu können, tauschten sie Säcke mit Reis aus Madagaskar ein. Nicht zuletzt deshalb wurde Charleston zur Reisstadt. Die Pflanze zog den Ort in ihren Bann und prägte ihn auch geografisch. Mit der Hilfe indigener Sklaven errichteten venezianische Einwanderer in Charleston ein Kanalsystem zur Bewässerung der Reisfelder. Und natürlich entwickelte sich rund um dieses Lebensmittel auch die Küche der Stadt, die die kulturellen Einflüsse der Reisarbeiter aufgriff. Erst waren es die Venezianer [8], die mit der Fruchtfolge (also der rotierenden Aufeinanderfolge des Anbaus von Reis, Dinkel, Ackerbohnen, Augenbohnen und Weizen), dann die Briten, die mit dem Handel afrikanischer Sklaven (viele Einwohner von Charleston haben westafrikanische Vorfahren und werden als *Gullah Geechee* [9] bezeichnet) neue Techniken im Landbau und der Kochkultur einführten. Alles verlief in gewohnten Bahnen, bis 1930, als zu Beginn der Weltwirtschaftskrise die letzte Reisernte in Charleston eingebracht wurde, weil zu diesem Zeitpunkt niemand mehr über die wirtschaftlichen Mittel verfügte, um in die Landwirtschaft zu investieren. Hinzu kam, dass seit der Abschaffung der Sklaverei 1865 niemand mehr gewillt war, tagaus, tagein zwischen Stechmücken und Alligatoren in den Reisfeldern zu schuften. Als der Anbau von Reis und vieler anderer Erzeugnisse aufgegeben wurde, verschwand allmählich auch die traditionelle Südstaaten-Küche.

1999 setzte sich die Carolina Gold Rice Foundation zum Ziel, die alten landwirtschaftlichen Praktiken wiederzubeleben und die in Vergessenheit geratenen Agrarerzeugnisse früherer Zeiten wieder anzubauen. Seither konnten 95 % der verloren gegangenen Artenvielfalt wiederhergestellt werden, was nicht zuletzt Brocks Engagement geschuldet ist, der die Stiftung seit 2003 unterstützt. Wer Charleston heute besucht, hat Gelegenheit,

9 — So nennt man die Afroamerikaner aus North und South Carolina, Georgia und Florida. Diese Communitys verbindet ein ausgeprägtes Identitätsbewusstsein und ein deutlich stärkerer Bezug zum afrikanischen Kulturerbe als andere afroamerikanische Gemeinschaften.

8 — Ein typisches Gericht ist *Reezy Peezy*, das in Italien *risi e bisi* (in Deutschland übrigens Risi-Bisi) heißt und dort von den Venezianern eingeführt wurde.

↑
Da es vielseitig und preiswert ist, steht Hähnchen auch bei Streetfood ganz oben auf der Liste.

die authentische Südstaaten-Küche – die erste Küche Amerikas, die historisch verbürgt schriftlich festgehalten wurde – mit ihren faszinierenden, vielfältigen Gerichten zu probieren. Brathähnchen inklusive. Sean Brocks Fried Chicken nach Südstaaten-Art ist berühmt und im Internet leicht zu finden. Pikant und knusprig interpretiert Brock das Brathähnchenrezept seiner Großmutter und verleiht ihm mit einigen Kniffen besondere Finesse. Dazu gehört eine Semmelbröselpanade mit einer Gewürzmischung, die von Cayennepfeffer bis Ingwer reicht, und die Salzlake, in der das Fleisch vor dem Braten mindestens 12 Stunden durchzieht.

Als ich mich für die Südstaaten-Küche zu begeistern begann, entdeckte ich, dass das Brathähnchen, wie auch andere lokale Köstlichkeiten, zur »schwarzen«, also afrikanischen Küche der Nachkommen der aus Westafrika nach Amerika verschleppten Sklaven gehört. Auch wenn es delikat ist, gilt es in den USA noch immer als unfeines Armeleuteessen. An anderen Orten der Welt wird eine derartige Verbindung nicht hergestellt, und das sollte uns zum Nachdenken anregen. Denn wie ist es möglich, dass ein

Gericht – das Brathähnchen, das auf der ganzen Welt geliebt wird – alte, überkommene Klischees durch einen Ortswechsel oder das Abstreifen des weltanschaulichen Überbaus überwinden kann? Daran sollten wir denken, wenn wieder einmal ein dampfendes Brathähnchen vor uns steht.

Das Weihnachtsbrathähnchen

Eine ganz besondere Bedeutung hat das Brathähnchen in Japan, denn es ist das Gericht, das am ersten Weihnachtsfeiertag gemeinsam mit der Familie gegessen wird. Obwohl der 25. Dezember in Japan kein Feiertag ist, weil die meisten Japaner keine Christen sind, wird Weihnachten dennoch auf westliche Art begangen: Häuser und Straßen erstrahlen in feierlichem Lichterglanz, unter festlich geschmückten Tannenbäumen tauscht man Geschenke aus, und auch der Glaube an den Weihnachtsmann, oder Santa Claus, wie er hier heißt, gehört dazu. Das japanische Weihnachtsfest ist importiert, so wie Halloween in Europa, es ist also eigentlich nicht Teil der lokalen Tradition. Aber warum sollte man auf eine weitere Gelegenheit zum Feiern verzichten?

10 — Das 1930 in den USA gegründete Unternehmen Kentucky Fried Chicken betreibt heute 23000 Restaurants in mehr als 140 Ländern.

Doch zurück zum gebratenen Hähnchen. Wie konnte es zum klassischen Weihnachtsessen werden? Wenn es an einer altbewährten kulinarischen Tradition, die mit einem neuen oder importierten Fest zusammenhängt, fehlt, muss das Vakuum gefüllt werden, und dies geschieht meistens durch Marketing.

1970 wurde im japanischen Nagoya die erste Filiale der nordamerikanischen, auf Brathähnchen spezialisierten Fast-Food-Kette Kentucky Fried Chicken – besser bekannt unter dem Kürzel KFC [10] – eröffnet, mit deren Leitung der Manager Takeshi Okawara beauftragt wurde. Um den Hähnchenumsatz anzukurbeln, brachte er zu Weihnachten ein Spezialangebot heraus (ein Brathähnchenmenü mit Wein für den 25. Dezember zum ermäßigten Preis) und bediente sich der kleinen Lüge, dass Brathähnchen in Amerika das traditionelle Weihnachtsessen sei. Die Idee wurde ein Erfolg, und wenige Jahre später startete man in ganz Japan eine groß angelegte Werbekampagne mit dem lapidaren Slogan »KENTUCKY ZU WEIHNACHTEN«, unterlegt mit Bildern glücklicher japanischer

↑
Gebratene Hähnchenflügel werden oft in Papierkörbchen serviert und mit den Händen gegessen.

Familien, die sich um kleine Eimer mit Brathähnchen versammeln. In kürzester Zeit etablierte sich der Brauch, am 25. Dezember Brathähnchen bei KFC zu essen in Millionen japanischer Familien, die ihre Tische bereits Wochen im Voraus reservieren und ihr Weihnachtsmenü mit Hähnchen, Champagner und Erdbeerkuchen dort verspeisen. Der heute 76-jährige Takeshi Okawara gilt als Marketingguru, auch wenn er die kleine Lüge – wie er heute zugibt – bereut.

KAFFEE

GENUSS PUR
UND WELTWEIT BEGEHRT

Kaffee ist nach Wasser das am zweithäufigsten konsumierte Getränk. Täglich werden weltweit fast drei Milliarden Tassen getrunken. Die größten Kaffeetrinker sind die Finnen mit einem jährlichen Pro-Kopf-Verbrauch von 12 Kilo, gefolgt von den Norwegern mit 9,9 Kilo.

Kaffee ist ein intimes, gleichzeitig aber auch geselliges Getränk. Wenn wir allein einen Kaffee trinken, tun wir dies, wenn wir uns wohlfühlen, weil wir eine Pause brauchen oder um uns einen Energieschub zu verpassen. In Gesellschaft hingegen bietet er Gelegenheit zum Zusammentreffen, zur Geselligkeit. Man genießt ihn – unabhängig von der Tageszeit – im Stehen, im Sitzen und im Gehen. Bei genauerer Betrachtung fällt auf, dass Kaffee ein Getränk ist, zu dem mehrere Kontinente sowohl geografisch als auch historisch etwas beisteuern. Der ideale Lebensraum der Kaffeepflanze, deren Samen die Kaffeebohne ist, sind die Tropen. Von dort gelangen die geernteten Früchte in den typischen Jutesäcken auf die internationale Märkte, wo sie von den Kaffeeröstereien ausgewählt werden. Der Röstvorgang verwandelt die harten grünen Früchte in dunkle, duftende, mürbe Bohnen, aus denen die Blends hergestellt werden. Schließlich wird die Mischung mithilfe von Maschinen und Geräten, die auf der anderen Erdhälfte erfunden wurden, in ein Getränk verwandelt und – im Einklang mit bestimmten Bräuchen, die abhängig von Region, Zeit und Raum den Lifestyle widerspiegeln – als Kaffee genossen.

Die weltweit gängigsten Kaffeespezialitäten sind Espresso (aus der Siebträgermaschine oder der italienischen Espressokanne), Filterkaffee, amerikanischer Kaffee und Mokka. Jedes Land hat seine eigenen Zubereitungsarten, die dem jeweiligen Geschmack und den Gewohnheiten entsprechen. Eines allerdings haben sie alle gemeinsam: Kaffee wird aus reinem Vergnügen getrunken. Man braucht ihn nicht zum Überleben. Kaffee ist etwas Überflüssiges, das sehr beliebt und in jeder Kultur akzeptiert ist. Denn letztlich muss man sich für einen Kaffee Zeit nehmen.

Ein Einwanderer von Weltruf

Zusammen mit der Tomate ist der Kaffee in Italien der wohl berühmteste und beliebteste Einwanderer. Er ist kein heimisches Produkt, doch er ist so sehr in den Sitten und Gebräuchen der Italiener verwurzelt, dass seine Einbürgerung schon sehr lange zurückliegt. Wie die Schokolade kam er Ende des 16. Jahrhunderts aus dem Orient, und nachdem er sich im Osmanischen Reich verbreitet hatte – die ersten Kaffeehäuser wurden in Damaskus und dann in Konstantinopel eröffnet –, machte er sich über Venedig auf, Europa zu erobern. In der ersten Hälfte des 17. Jahrhunderts tauchte er an den Ständen der Gewürzhändler auf, und im selben Jahrhundert eröffneten die ersten Kaffeehäuser der Stadt.

↑
Ob Espresso oder Filterkaffee, das Kaffeeritual steht und fällt mit der Zubereitung.

Mitte des 18. Jahrhunderts gab es in Venedig schätzungsweise 100 Kaffeehäuser, doch bereits innerhalb weniger Jahre kam nahezu eins auf 500 Einwohner. Durch die Erfindung des Neapolitaners, im Dialekt *cuccumella*, wo das kochende Wasser durch den Filter mit dem Kaffeepulver in den zweiten Behälter fließt, damit die Kanne anschließend einfach auf den Kopf gestellt werden kann, wurde jedoch Neapel zur Stadt des Kaffees. Dieser Neuerung war es zu verdanken, dass in jedem Haushalt Kaffee zubereitet werden konnte. Im 20. Jahrhundert schließlich fiel der Startschuss für die italienische Kaffeevariante, die das ganze Land einen sollten: der Espresso. Die erste Espressomaschine von 1884 geht auf das Patent des Turiners Angelo Moriondo zurück, der schon früh die Notwendigkeit einer schnellen Kaffeezubereitung erkannte. Es gelang ihm jedoch nicht, seine Erfindung zur Industriereife zu bringen, und es sollten noch einige Jahre ins Land gehen, bis die ersten Espressomaschinen entwickelt und flächendeckend in den Bars eingesetzt wurden. 1910 kam die ebenfalls in Turin erfundene Maschine von Victoria Arduino auf den Markt, nur wenige Jahre nach der Cimbali aus Mailand. In den folgenden Jahren versuchten sich zahlreiche Industriezweige daran, die Zubereitung von Espresso in den Bars

Lbs. 145.36

gramos)

voranzubringen, war er doch inzwischen für die Italiener zum unverzichtbaren Ritual geworden. Ganz zu schweigen vom Verbrauch in den Privathaushalten, der 1933 einen Wendepunkt erlebte, als Alfonso Bialetti die Espressokanne *moka* erfand, die noch heute verbreitet ist und verwendet wird.

Wie die Kreativität in der Industrie kannte auch auf der anderen Seite des Tresens der Einfallsreichtum der Konsumenten keinerlei Grenzen. So entwickelten sie immer wieder neue Arten des Trinkgenusses und neue Bestellvarianten. In Italien ordert man nie einfach nur einen *caffè*, sondern projiziert immer auch ein Stück von sich selbst in diese kleine identitätsstiftende Tasse. Kurzer oder (mit Wasser) verlängerter Espresso, in der Keramik- oder Glastasse, große oder kleine Tasse, doppelter Espresso. Und dann all die Spielarten des *macchiato*: heiße Milch, kalte Milch, Milchschaum. Der Kreativität sind keine Grenzen gesetzt. Gerade liegt der *macchiatone* absolut im Trend. Bei dieser Variante, die zum ersten Mal Mitte der 1980er-Jahre in Venedig bestellt wurde, handelt es sich um einen Espresso, dem Milchschaum zugefügt wird. Und zwar etwas mehr als beim *caffè macchiato*, aber weniger als beim Cappuccino. Böse Zungen behaupten, er sei erfunden worden, um zum Preis eines Espressos in den Genuss eines Cappuccinos zu kommen.

Ein Kaffee in Sarajevo

In Sarajevo vernimmt man morgens zuerst den Ruf des Muezzin, dann das Läuten der Glocken und dann steigt einem der Duft von Krapfen in die Nase. Sie werden aus einem brotähnlichen Teig hergestellt und mit Käse gegessen. Und eine der schönsten Beschäftigungen, der man in dieser herrlichen bosnischen Stadt nachgehen kann, ist, einen Kaffee zu trinken, über den Tag zu sinnieren und die Menschen zu beobachten. Der Kaffee wird immer im Sitzen, nie am Tresen eingenommen. Hinter diesem Kaffee, der hier bosnischer Kaffee heißt, verbirgt sich eigentlich der Mokka, der überall auf dem Balkan verbreitet ist. Und obwohl dieses Gebiet von blutigen Konflikten und tragischen Spaltungen gezeichnet ist, ist der Genuss von Kaffee ein verbindendes Ritual. Um ihn zu konsumieren, braucht man vor allem eines: Zeit. Zeit für die Zubereitung, Zeit zum Servieren, Zeit zum Genießen. Das Zubereitungsritual dieses Kaffees, der vollmundiger ist als andere und durch seinen würzigen Geschmack hervorsticht, verlangt, dass das feine Pulver dreimal

↑
Türkischer Kaffee, in einem typischen kupfernen Ein-Personen-Kännchen serviert.

↑
Verschiedene Kreationen des kosovarischen Macchiato-Künstlers Jetmir Maliqi

kochen muss. Dem Originalrezept zufolge beginnt die Zubereitung mit dem Rösten des Rohkaffees, der danach in einer Messingmühle so fein gemahlen wird, dass das Pulver Puderzucker gleicht. Die Mischung wird anschließend mit Wasser, Zucker und manchmal auch Gewürzen in der *cezve* (oder *ibrik*), einer langstieligen Kanne aus Kupfer und Messing, gekocht.

Die türkische Kaffeetradition hat eine lange Geschichte – sie besteht seit etwa fünf Jahrhunderten – und gilt wegen der Art der Zubereitung als einzigartig. Sie verbindet verschiedene Länder des früheren Osmanischen Reichs und den Balkan. Der Kaffee wird in der jeweiligen Landessprache als »türkischer Kaffee« bezeichnet, also in Kroatien *turska kava*, in Albanien und im Kosovo *kafe turke*, in Mazedonien *tursko kafe* und in Slowenien *turška kava*. In Bosnien-Herzegowina nennt man ihn »bosnischen Kaffee« und in Serbien »Heimatkaffee« (*domača kafa*). Häufiger allerdings sagt man einfach »Kaffee«. Wegen seiner großen kulturellen Bedeutung wurde der türkische Kaffee in die UNESCO-Welterbeliste der immateriellen Kulturgüter aufgenommen. Bevor man ihn genießt, sollte man ihn ein paar Minuten ruhen lassen, damit sich das Kaffeepulver am Tassenboden absetzen kann. Traditionell wird der Kaffeesatz, der besondere Formen annimmt und Auskunft über Vergangenheit und Zukunft gibt, von Kaffeesatzlesern entschlüsselt. Der türkische Kaffee wird stets mit einem Glas Wasser – um den Mund vor dem Kaffeegenuss zu erfrischen – und mit einem Keks, etwas Schokolade, einem Bonbon oder Lokum, dem typischen Geleewürfel, serviert, um das Ritual mit etwas Süßem abzuschließen.

Der Kosovo und der *caffè macchiato*

Nicht jeder weiß (und glaubt), dass der Kosovo, der kleine, weniger als zwei Millionen Einwohner zählende, zwischen Mazedonien, Albanien und Montenegro gelegene Staat, der 2008 seine Unabhängigkeit von Serbien erklärte, eine der Top-Destinationen für Kaffeeliebhaber, genauer gesagt für Liebhaber des *caffè macchiato*, ist. Auf dem Land und in den Privathaushalten wird türkischer Kaffee serviert, aber in der Stadt – vor allem in Pristina – ist der *caffè macchiato* (Espresso mit Milchschaum) in den Bars regelrecht Kult. Bestellt wird er zu jeder Tageszeit, und die Baristas wetteifern um die kunstvollste Verzierung. Dabei wird akribisch auf jedes Detail, vor allem auf die Milch, geachtet, denn sie muss besonders fetthaltig sein und so erhitzt werden, dass die Schaumkrone die richtige Konsistenz hat. Man weiß nicht genau, woher die Leidenschaft für den *caffè macchiato* rührt, vielleicht aber daher, dass die Bevölkerung dieses armen, gebeutelten Landes regelmäßig Bars frequentiert. Sicherlich hat der *caffè macchiato*, wie im Fall von Jetmir Maliqi, neue Möglichkeiten und Berufe geschaffen. Er nämlich bezeichnet sich in seinem Instagram-Profil als »Kaffeekünstler« und ist wegen der Art, wie er den Schaum seines *caffè macchiato* verziert, eine Berühmtheit. Im Tassenformat zeichnet er abstrakte Formen, Blumen, Landschaften, Bilder von Tieren und Menschen. Sein Talent hat ihn im Kosovo berühmt gemacht, und so tritt er in Fernsehsendungen auf und veranstaltet Barista-Kurse.

← **DER TÜRKISCHE KAFFEE:** Ein Moment des Genusses und der Geselligkeit, weitergegeben von Generation zu Generation: *türk kahvesi*, türkischer Kaffee. Er verbindet eine spezielle Zubereitungsform mit traditioneller Kultur. Ein kollektives Ritual, das die Bewohner der Türkei, Griechenlands, Armeniens, der Balkanhalbinsel, der Karpaten, des Iran, des Kaukasus und der arabischen Länder vereint.

DER TÜRKISCHE KAFFEE

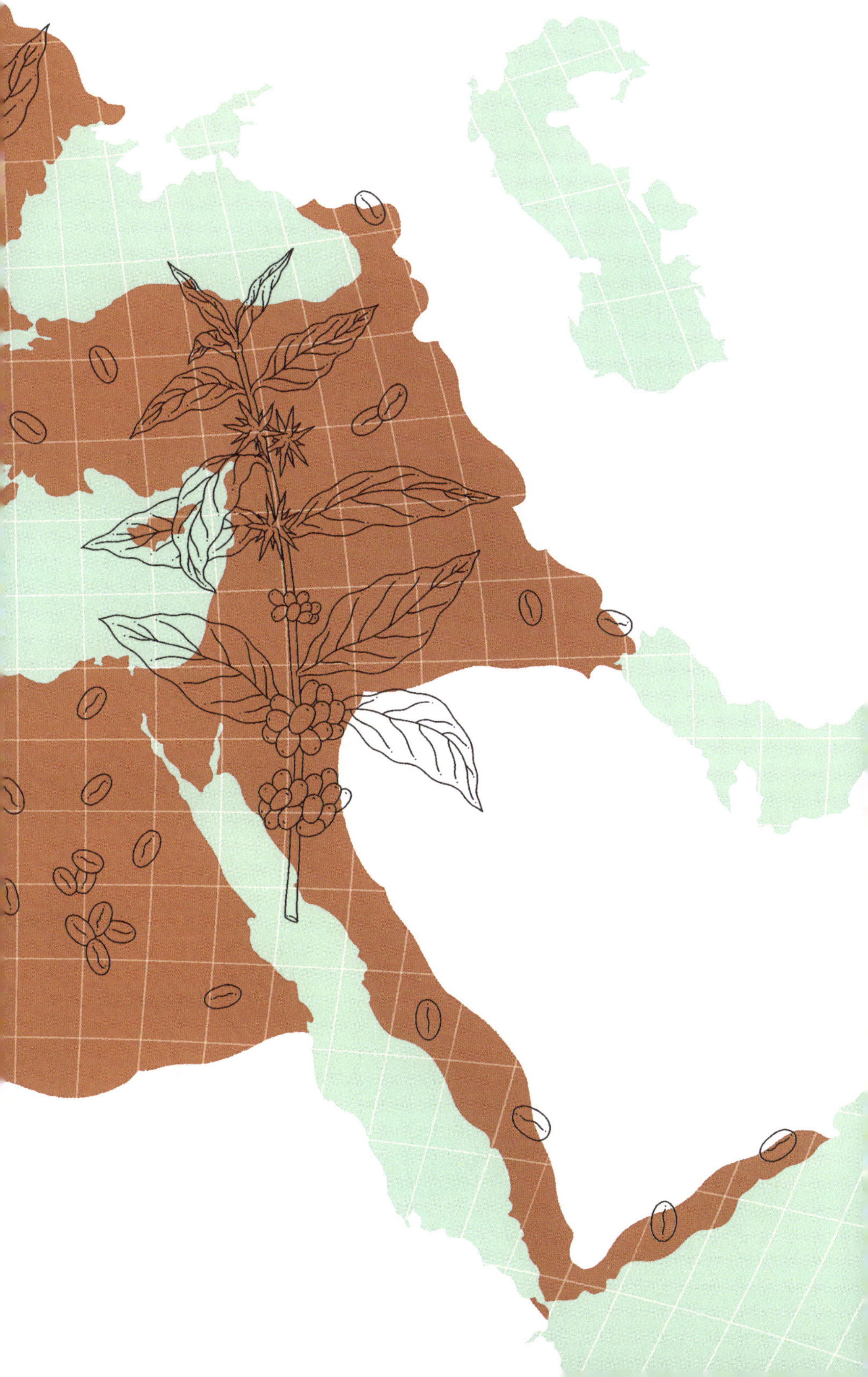

TEIL
02

KULINARISCHE PRAKTIKEN

Geht es um die Geografie von Nahrungsmitteln, wird oft angeführt, dass diese, wie andere Waren auch, unbekannte und weit entfernt lebende Menschen miteinander verbinden und auf diese Weise Brücken schlagen. Manchmal wird die Wendung »vom Acker auf den Teller« benutzt, um ebendiese Beziehung, die zwischen dem Erzeuger und den Konsumenten eines Nahrungsmittels hergestellt werden kann (und sollte), zu benennen. Ganz allgemein spricht man hier von der Lieferkette, also der Abfolge von Schritten, die für die Herstellung und den Vertrieb eines Nahrungsmittels nötig sind und die sich nur allzu oft über diverse Länder, Regionen und Orte erstrecken. Sie endet, bevor das Nahrungsmittel verzehrt wird, bevor es Emotionen auslöst,

Erinnerungen wachruft und diese tiefe, einzigartige Beziehung zu uns selbst und anderen herstellt, die nur Nahrungsmittel herzustellen vermögen. Diese Geografie, die Wege und Grenzen der durch das Essen hervorgerufenen Gefühle beschreibt, ist eine verborgene, okkulte, geheime. Und doch ist sie entscheidend und unerlässlich.

In diesem kleinen Atlas der Kulinarik wird Essen mit Vorstellungen, Empfindungen, Überzeugungen, Erfahrungen, Stimmungen und Widersprüchen verknüpft, die miteinander zu realen Grenzen verschmelzen. Dabei richten wir das Augenmerk darauf, was mit dem Essen geschieht, nachdem es erdacht, zubereitet und verspeist ist. Ganz gleich, ob es sich um banale, unmittelbar mit der Alltagsroutine verknüpfte Essgewohnheiten in Privathaushalten handelt oder um die Arbeit von Spitzenköchen, die heute mit ihren kulinarischen Fähigkeiten ganze Völker und Kulturen repräsentieren. Wenn wir diesen Zusammenhängen Beachtung schenken, können wir die Welt neu definieren, und zwar anders, als wir es bisher gewohnt waren. Die Welt der geografiebasierten Kulinarik ist auch durch eine gewisse Unruhe gekennzeichnet, denn jede Bewegung führt zwangsläufig zu Ungleichgewichten, schürt ein wenig Angst, erfordert Mut. Doch diese Gefühle sind zugleich die Voraussetzung für Veränderung. Und jeder weiß, dass man nur dann Neues entdecken kann, wenn man die ausgetretenen Pfade verlässt.

Eine Welt, die mehr die unsere ist, weil wir sie selbst gestalten, ohne Überbau, ohne politische und wirtschaftliche Programmatik, ist eine Welt, die sich an der Natur orientiert und den Notwendigkeiten, eine Welt, in der sich Natur und Notwendigkeiten nicht ausschließen, weil das Essen für alle eine Freude und etwas Unverzichtbares ist, wie der Himmel, die Erde und das Meer. Denn letztlich ist es die Art, wie wir es genießen, die das Leben lebenswert macht.

KOCHEN

KÜCHE IST KULTUR

Wir gehen aufrecht,
wir bedienen uns der Sprache,
wir sind in der Lage zu denken und –
abgesehen von den anderen Fähigkeiten,
die uns grundsätzlich von den Tieren
unterscheiden – wir können kochen.
Während das Tier seine Nahrung verschlingt,
genießt der Mensch beim Essen
den Geschmack und kostet ihn aus.

Die deutsche Sprache unterscheidet diese Vorgänge mit zwei verschiedenen Verben: *fressen* bezeichnet die Nahrungsaufnahme von Tieren, während *essen* das menschliche Pendant darstellt und im Gegensatz zum Erstgenannten einen kulturellen, schöpferischen Akt bezeichnet. Der französische Anthropologe Claude Lévi-Strauss beschrieb das Essen als eine eng mit der menschlichen Natur verbundene Sprache, die Worte aus dem Mund heraus- und Speisen in ihn hineinlässt, wobei beides gleichermaßen mit Identität und Kultur zu tun hat. Sieht man einmal von den Fällen ab, in denen das Essen dem reinen Überleben dient, so ist es nicht nur die Befriedigung eines physiologischen Bedürfnisses, sondern wird heute mehr denn je zu einer kulturellen Notwendigkeit. Beim Essen geht es um Geschmack, und der ist in gewisser Weise individuell, erwartbar und das Ergebnis von Vorstellungen und Erinnerungen sowie deren Neubewertung.

Und hier kommt die Kochkunst ins Spiel. Den Auftakt bildet der Markt beziehungsweise der Einkauf, bei dem alle Zutaten ausgewählt werden, dann verlagert sich das Ganze in die Küche, an den Ort, wo das Essen vorbereitet und gekocht wird, bis es schließlich auf dem Tisch, dem Inbegriff von Kultur, Beziehungen und Geselligkeit, sein Finale erlebt.

Roh, gekocht, verfault

Mit dem Feuer änderte sich alles. Um die historischen und kulturellen Wurzeln des Kochens zu verstehen, muss man bis zu seiner Entdeckung zurückgehen, denn in deren Folge wurden verschiedene Techniken entwickelt, die es nicht nur ermöglichten, in der Natur vorkommende Nahrungsmittel genießbar zu machen, sondern sie sogar zu verfeinern. Das passierte im Paläolithikum, denn durch die Umstellung der Ernährung von reiner Rohkost auf gekochte Nahrung veränderte das Feuer das Verhalten und die Gewohnheiten der Menschen. Die erste und älteste Garmethode, also diejenige, die einen unmittelbaren Kontakt zwischen Nahrungsmittel und Feuer herstellt, ist das Braten.

Heute, im Zeitalter der Mikrowellenherde und Küchenmaschinen, erscheint es uns fast unvorstellbar, doch bereits in grauer Vorzeit widmeten sich die Menschen dem Kochen und begnügten sich dabei mit natürlichen Hilfsmitteln wie aufgeheizten Steinen oder Erdlöchern, die als Öfen fungierten. Die einfachste Garmethode allerdings besteht darin, Speisen direkt mit dem Feuer in Kontakt zu bringen. Später dann kam das Kochen hinzu, für das in vorgeschichtlicher Zeit Lebensmittel mit Wasser in Tierhautsäcke,

↑
Basierend auf ihren individuell verfügbaren Ressourcen entwickelte jede Kultur ihre spezifischen kulinarischen Techniken.

Baumrindengefäße oder frühes Steingut gefüllt wurden. Diese ersten Kochtechniken, die mehr als zwei Millionen Jahre zurückreichen, waren Vorläufer der kulinarischen Praktiken, die sich im Laufe der Zeit an verschiedenen Orten veränderten, anpassten und letztlich zu unseren heutigen entwickelt haben. Das »Kochen«, wie wir es heute kennen, kristallisierte sich erst später heraus, und zwar zu Beginn der Jungsteinzeit, als der Mensch nicht nur Viehzucht und Ackerbau zu betreiben begann, sondern, weil er Gefäße zum Kochen benötigte, auch die Terrakotta erfand.

Natürlich darf Kochen im Sinne von Kochkultur nicht mit der Garmethode des Kochens verwechselt werden. Denn man kann etwas kochen, also zubereiten, indem man einfach rohe Zutaten miteinander mischt, oder anders gesagt: Eine Scheibe Brot über dem Feuer zu rösten hat noch nichts mit Kochen zu tun. Doch zweifellos ist das Kochen als Garmethode einer der Vorgänge, auf denen die Kochkultur beruht, sowohl um Nahrungsmittel, die man roh nicht verzehren könnte, genießbar zu machen, als auch, um ihren Geschmack, ihre Farbe und ihre Konsistenz auf fantasievolle Weise zu verändern.

Es ist schon beeindruckend, wenn man sich den immensen Schatz an Techniken, Wissen und Erfahrungen vor Augen führt, die wir weltweit unter dem Begriff »Kochkultur« zusammenfassen und hinter dem sich nichts anderes verbirgt als die Weitergabe einer endlosen, unbezahlbaren Reihe von Verfahren und Informationen, die uns aus vergangenen Zeiten von unseren Vorfahren überliefert wurden. Die Kochkultur ist der Spiegel, das Ergebnis und der eindrucksvolle Beweis für ethnische Ankünfte, Durchreisen, Begegnungen, Vermischungen und Fluktuationen.

Lévi-Strauss verknüpft das Konzept der gekochten Nahrung – also deren Umwandlung aus dem Rohzustand – mit kulturellem menschlichen Handeln und kategorisiert Nahrung in einem kulinarischen Dreieck mit den Eckpunkten »roh, gekocht, verfault«. Die Bezeichnung »verfault«, die wir in heutiger Diktion »fermentiert« nennen würden, steht allerdings für eine natürliche Umwandlung und umfasst alle Verfahren, bei denen Lebensmittel durch die Einwirkung von Bakterienkulturen verändert werden. Derartige Verfahren liegen gegenwärtig so sehr im Trend, dass die Haute Cuisine sie sich gerade wieder aneignet, wie wir später noch sehen werden.

Die Bezeichnung »roh«, früher »krude«, abgeleitet vom lateinischen *crudus* – »ungekocht«, »unreif« –, führt uns zur Unterscheidung zwischen Lebensmitteln, die im Naturzustand essbar sind, wie einige Gemüsesorten und fast alle Früchte (die also nicht gekocht werden müssen), und anderen, die nur verzehrt werden können, wenn sie zuvor gekocht, getrocknet oder fermentiert wurden. Vor allem im Fernen Osten, in Ländern wie Japan oder China, ist der Verzehr von rohen Speisen – ganz gleich ob Fisch, Algen oder Gemüse – fast an der Tagesordnung. In der westlichen Welt hingegen ist es zwar inzwischen weit verbreitet, rohen Fisch in Form von Sashimi, Ceviche, Tatar und Carpaccio zu essen, doch gibt man in der europäischen Küche – außer bei Meeresfrüchten, allen voran Austern – Gekochtem nach wie vor den Vorzug. Zwischen roh und gekocht zu wechseln ist auch eine Frage von Trends. Das Foraging, also das Sammeln von Wildkräutern, Beeren oder Wurzeln, die oft ungekocht verzehrt werden, basiert zwar auf prähistorischem Brauchtum, ist aber zugleich eher repräsentativ für die aktuelle Praxis einer nachhaltigen, nordisch geprägten Avantgarde-Küche. Kochen ist eine Tätigkeit, die überaus facettenreiche Möglichkeiten bietet und abhängig von Raum und Zeit immer neue Funktionen übernimmt. Sei es als notwendige und überlebenswichtige Tätigkeit, als hauswirtschaftliche Fähigkeit, als sozialer und politischer Akt, als ökologisch-ethische Entscheidung, als kreative, identitätsstiftende Aktion, als kulinarische Kunst oder als Kunst des Sich-Behelfens.

Sie wird von Frauen und Männern praktiziert, von renommierten Köchen und Hausfrauen, von Kindern und älteren Menschen, gemeinsam oder allein, in großen Profiküchen oder auf dem einfachen Kochfeld, in der Küche oder im Freien.

Das Rezept für ein gutes Rezept

Rezepte sind so alt wie die Kochkultur selbst. In Mesopotamien fand man entsprechende Zeugnisse, die 1750 v. Chr. von den Akkadern in Keilschrift in Stein geritzt wurden. Zu den ältesten Kochbüchern gehört *De re coquinaria*, das Marcus Gavius Apicius zugeschrieben wird, einem römischen Feinschmecker, Koch und Vater aller Foodwriter, der in der Übergangszeit vom vorchristlichen zum nachchristlichen Jahrtausend lebte. In größerem Maß wurden Vorläufer der Kochbücher, wie wir sie heute kennen, in Italien jedoch erst in der Renaissance verfasst. Die berühmteste und am meisten erforschte Rezeptsammlung stammt von dem Koch Maestro Martino, der als Leonardo da Vinci der Küche galt und von 1430 bis Ende des 15. Jahrhunderts lebte. Er arbeitete in Mailand in der Küche von Francesco Sforza und zog später nach Rom, wo er in der Vatikanküche tätig war. Ihm verdanken wir die Rezeptsammlung *Liber de arte coquinaria*, ein vielfach erforschtes und hochgelobtes Werk, das den Übergang von der Mittelalter- zur Renaissanceküche markiert.

Das erste serienmäßig gedruckte Rezeptbuch stammt von Bartolomeo Sacchi (* 1421 in Piadena, † 1481 in Rom), der erst als Koch im Mailänder Castello Sforzesco und später in Rom in den Küchen der Kardinäle arbeitete und viele Rezepte von Maestro Martino aufgriff. 1570 erschien das erste illustrierte Buch, verfasst von Bartolomeo Scappi, dem Leibkoch des Papstes. Schon damals waren es Köche, die Bücher schrieben. Deshalb ist es kaum verwunderlich, dass unsere Buchhandlungen heute geradezu überquellen von Büchern prominenter Küchenchefs. Kochbücher sind nicht nur die älteste Form kulinarischer Literatur, sondern inzwischen auch die am weitesten verbreitete. Und sie sind nach wie vor ein überaus interessantes Studienobjekt, das, abgesehen von der gastronomischen Perspektive, Einblicke in die Gesellschaft, die Rollenverteilung in der Küche, den

↑
In der häuslichen Küche werden Beziehungen oft über das Essen hergestellt.

Geschmack und die Auffassung von Geselligkeit gibt. Die ersten Kochbücher gründeten auf technischem und professionellem Wissen und richteten sich an Berufsköche und Personen, die auf der Suche nach fachlichen Informationen und kreativen Ideen waren. Bis Mitte des 19. Jahrhunderts waren die Autoren also Profis, oft Köche oder Bankett- und Empfangschefs. In der Folge wurde das Essen sowohl im Hinblick auf hauswirtschaftliche Aspekte als auch darauf, was den Empfang von Gästen anbelangt, zunehmend zu einer häuslichen Angelegenheit.

Im 20. Jahrhundert kam es zu einem explosionsartigen Anstieg von kulinarischen Publikationen und Kochbüchern, die sich nicht länger an Köche, sondern vor allem an die Frauen wendeten, waren sie doch in den häuslichen vier Wänden für die Zubereitung der Speisen zuständig. Dies führte zu einem Wandel im Schreibstil, der sich nun einer umgangssprachlicheren, direkteren Ausdrucksweise bediente, in der man sich auch als nicht professioneller Koch wiederfinden konnte und die mit persönlichen Exkursen und autobiografischen Anregungen angereichert wurde.

Ich habe gelernt, dass es beim Kochen um Verbindungen geht – um Verbindungen zwischen uns und anderen Spezies, anderen Zeiten, anderen Kulturen (menschlichen und mikrobischen) und vor allem anderen Menschen. Das Kochen ist eine der schönsten Formen, die Großzügigkeit annehmen kann. Das wusste ich im Grunde schon. Doch ich stellte fest, dass das beste Kochen auch eine Form von Vertrautheit ist.

Michael Pollan
Kochen. Eine Naturgeschichte der Transformation — 2014

Die weibliche Emanzipation und die Tatsache, dass Frauen nun berufsbedingt den ganzen Tag außer Haus waren, brachten es mit sich, dass wir uns, vor allem in der westlichen Welt, vom Herd abwendeten und anderen die Zubereitung der Speisen überließen. Wie die häufig von Küchenchefs für passionierte Feinschmecker verfassten Bücher zeigen, widmen sich die Menschen dem Kochen heute eher aus Leidenschaft und um ihrem eigenen kreativen Drang nachzugeben und nicht so sehr aus Notwendigkeit.

Was die aktuellen und die historischen Kochbücher jedoch verbindet, ist die Tatsache, dass das Rezept nie nur eine Auflistung von Zutaten, Mengen und Verfahren ist. Es ist auch eine Geschichte, die immer wieder unser Interesse weckt und uns in ihren Bann zieht, mit echten Protagonisten (Zutaten), die miteinander interagieren (Verfahren), um ein gelungenes – oder auch weniger gelungenes – Ergebnis (das fertige Gericht) zu erzielen. Auch das ist ein Grund dafür, weshalb wir den Blick nur schwer abwenden können, wenn jemand vor unseren Augen kocht. Zu beobachten, wie sich Zutaten unterschiedlicher Art, Beschaffenheit, Herkunft und Geschmacksrichtung in vielen Einzelschritten (zerkleinern, entsaften, kochen und vieles mehr) zu einem harmonischen Ganzen verbinden und sich so in ein köstliches, unvergessliches Gericht verwandeln, ist einfach zu reizvoll. Für ein solches Rezept, eine solche Geschichte muss man sich einfach begeistern. Und ich glaube, das ist etwas, das alle Völker verbindet, ganz gleich, wo sie leben.

Ein Rezept ist nie nur ein Rezept

Entwickelt ein Koch ein neues Rezept, ist dies niemals nur eine geglückte Zusammenstellung von Zutaten, bei der er sich bestimmter Techniken bedient. Es steckt immer mehr dahinter: eine persönliche Geschichte, die Verwendung einer besonderen Zutat, die Rückbesinnung auf eine Tradition, die verloren zu gehen droht, die Befriedigung eines Bedürfnisses oder der Wunsch, der aktuellen kulinarischen Debatte etwas hinzuzufügen.

Manche Gerichte haben buchstäblich nicht nur die Ernährungs-, sondern die Menschheitsgeschichte verändert. Oder zumindest den menschlichen Alltag. Denken wir zum Beispiel an den Toast. Es nimmt doch ständig irgendwo auf dem Globus jemand eine geröstete Brotscheibe aus dem Toaster, sei es, um sie mit reichlich Marmelade zu bestreichen, sei es, um sie mit Rührei und Speck, mit Avocado und Garnelen, mit Butter und Sardellen oder einfach mit Öl und Tomate zu belegen. Und natürlich, um das geschmackliche Highlight, das Toast-Sandwich, zuzubereiten: geschmolzener Käse und gekochter Schinken zwischen zwei Scheiben Toastbrot. Seine Geschichte ist untrennbar mit der des Toasters verknüpft. Und sie ist noch gar nicht so alt. Denn den ersten elektrischen Toaster brachte General Electric erst im frühen 20. Jahrhundert auf den Markt. Bis dahin gab es zwar Geräte für den Hausgebrauch, mit denen man Brotscheiben rösten konnte – allerdings nur auf einer Seite, sodass der Vorgang beaufsichtigt werden musste, damit das Brot nicht verbrannte. Als der Arbeiter Charles Strite, der es leid war, die Brotscheibe immer im Auge behalten zu müssen, 1919 den automatischen Toaster mit Zeitschaltuhr erfand, wurde dieser zu einem überaus beliebten Haushaltsgerät.

Dabei spielt es keine Rolle, ob es diese ebenso einfachen wie beliebten Speisen sind, die inzwischen so sehr zu unseren Essgewohnheiten gehören, dass wir nicht mehr danach fragen, wer sie erfunden hat, oder aber ob es Gerichte sind, die uns deutlich machen, in welchem Maße sich die kulinarischen Techniken entwickelt haben (etwa in der Molekularküche des spanischen Kochs Ferran Adrià), oder ob es um Kreationen einer Küche geht, die in manchen Fällen als wahre Kunstform angesehen werden (ich denke dabei an Eigenkreationen von Köchen, die ausschließlich mit ihrer Person verbunden werden wie der *Risotto in foglia d'oro* von Gualtiero Marchesi oder Massimo Botturas *Oops! Mi è caduta la crostata al limone*).

Bei einigen Gerichten allerdings werden wir wohl nie erfahren, wer sie ersonnen hat, und es ist auch nicht von Bedeutung. Und doch gibt es Menschen, die unbedingt zurückverfolgen möchten, wo sie das erste Mal zubereitet wurden – sind es doch letztlich diese vielen kleinen Geschichten, die die Menschheitsgeschichte als Ganzes ausmachen –, um später ihren Siegeszug durch die Küchen der Welt anzutreten. Durch die kulinarische Literatur werden Speisen, wo auch immer, zum Gesprächsstoff, zum Kulturgut.

Ohne Mengenangaben geht es nicht

Sieht man einmal davon ab, dass es objektiv betrachtet schlicht unmöglich ist, lässt sich das kulinarische Erlebnis der köstlichen *shakshuka*, die wir in einer Bar in Tel Aviv gegessen haben, nicht wiederholen, einfach deshalb, weil wir uns weder in dieser Bar noch in der damaligen Gesellschaft befinden und somit die entscheidende emotionale Geschmackskomponente fehlt. Dasselbe gilt für das Perlhuhnfrikassee mit Datteln, das wir beim ersten und einzigen Besuch in Paul Bocuse' Restaurant in Lyon genossen haben, und sei es nur deshalb, weil wir nicht Paul Bocuse sind. Ebenso wenig lässt sich der Geschmack des *okonomiyaki* nachahmen, den wir auf der Straße in Osaka verzehrt haben, weil die Zutaten variieren und letztendlich nicht sie ausschlaggebend dafür sind, ob das Gericht gelingt und schmeckt. Zu versuchen, das Geschmackserlebnis von Speisen, die von anderen zubereitet oder andernorts verzehrt wurden, zu wiederholen, ist ein mehr als schwieriges Unterfangen. Über nicht verfügbare Zutaten kann man zwar mit Fantasie und einer gewissen Nachsicht sich selbst gegenüber hinwegsehen. Doch selbst wenn alles, was man benötigte, verfügbar wäre, müsste man doch die Mengen kennen. Obwohl Intuition, Talent und Kreativität in der Küche entscheidend sind, müssen doch die Dosierung und das Mengenverhältnis der Zutaten stimmen. Und auch hierzu gibt es eine Geschichte und viel Geografie. Das Internationale Einheitensystem (SI) wurde 1875 eingeführt, als 17 Länder in Paris im Rahmen einer Konferenz beschlossen, gemeinsame Maßeinheiten festzulegen, um Handel und wissenschaftliche Studien zu erleichtern (und wer weiß, vielleicht sogar auch die Zubereitung von Speisen). Die Teilnehmerländer unterzeichneten die sogenannte *Meterkonvention* und definierten Maßeinheiten für jede Art von Größe. Als Maßeinheit für die Masse wurde das Kilogramm festgelegt.

Obwohl das SI in den meisten Teilen der Welt anerkannt ist, findet es nicht überall Anwendung. Einige Länder entschieden sich dafür, die Systeme aus imperialer Zeit, die bei ihnen von alters her in Kraft waren, beizubehalten. Großbritannien und die angelsächsischen Länder beispielsweise hielten an Vertrautem fest, bis 1995 das aus dem Empire stammende britische System zugunsten des metrischen Dezimalsystems abgeschafft wurde. Im Alltag allerdings hat es sich dort bis heute nicht vollständig durchgesetzt. In Kochbüchern werden oft noch Unzen verwendet, in Kneipen wird das Bier in Pints bestellt. Heute gibt es weltweit nur drei Länder, in denen das internationale System keine Anwendung findet: die USA, Liberia und Myanmar. Die USA sind übrigens das einzige Land, wo Zutatenmengen in *cups* angegeben werden. Normalerweise wird diese Maßeinheit auch in Übersetzungen beibehalten, sodass man aus Rezepten, in denen Zutaten auf diese Weise abzumessen sind, schließen kann, dass sie aus den USA stammen. Die Geschichte der *cups* ist eng verknüpft mit Fannie Farmer, einer der berühmtesten Kochbuchautorinnen überhaupt. Ihr Buch *Boston Cooking-School Cook Book* (1896) war

↑

Der französische Koch und Schriftsteller Marie-Antoine Carême, der im 18. und 19. Jahrhundert lebte, betrachtete die Patisserie als einen Zweig der Architektur.

←
Um Butterröllchen zu formen, braucht man nur einen Spatel. Wer es nach allen Regeln der Kunst machen möchte, sollte einen richtigen Butterroller verwenden, ein hakenförmiges Hilfsmittel mit gezackter Klinge, das man einfach über das Butterstück zieht.

eine der berühmtesten Rezeptsammlungen der 1920er-Jahre. Farmer war eine Genauigkeitsfanatikerin und davon überzeugt, dass man Zutaten nicht nach Gewicht, sondern nach Volumen abmessen sollte, und so führte sie Maßeinheiten wie Tassen, Esslöffel und Teelöffel ein.

Ein kleiner gedanklicher Exkurs sei in diesem Zusammenhang all jenen Rezepten – und das sind die meisten – gewidmet, die mündlich weitergegeben wurden und nicht in exakten Maßeinheiten überliefert sind, sondern meist auf der persönlichen Interpretation von Gewicht und Maß basieren: eine Prise, ein Esslöffel, ein Teelöffel, eine Träne Öl, eine Messerspitze Pfeffer, ein Krümel, ein Hauch, zwei Finger Milch, ein Stückchen Butter und etwas Muskatnuss. Zwar sind einige dieser Angaben zudem nicht wissenschaftlich und haben nichts mit dem internationalen Einheitensystem zu tun, sind aber (mehr oder weniger) weltweit anerkannt. Dazu zählt auch die Angabe des richtigen Gargrads von Nudeln (und Reis), die nach dem Kochen noch etwas Biss haben sollten, was mit dem Begriff *al dente* bezeichnet wird. Dieser Begriff lässt sich nicht übersetzen – wenn

Nachdem man die Möglichkeiten, mit der Hand zu messen, ausgeschöpft hatte, wandten sich die Köche anderen bekannten Gegenständen zu. Die Walnuss sticht deshalb hervor, weil sie so allgegenwärtig ist. »In der Größe einer Walnuss« ist Köchen in Russland und Afghanistan ebenso ein Begriff wie ihren Kollegen in England und Italien sowie in Frankreich und Amerika. Dieser Vergleich ist mindestens seit dem Mittelalter gebräuchlich. Man hat ihn für Karotten, Zucker, Parmesanpuffer, Plätzchenteig [...] und vor allem für Butter verwendet. Warum war die Walnuss als Maßeinheit so beliebt?

Bee Wilson
Am Beispiel der Gabel: Eine Geschichte der Koch- und Esswerkzeuge — 2014

jemand noch nie Nudeln gekocht hat und nicht das Glück hatte, einen Teller *al dente* gekochte Spaghetti zu essen, ist er auch schwer zu erklären –, und doch birgt er das Geheimnis für ein gelungenes Gericht. Auch der Angabe »nach Belieben« – oft geht es dabei um die benötigte Menge an Salz und/oder Pfeffer – haftet international ein Odium von Unsicherheit an und sie wird weltweit nicht weiter präzisiert, was bei Befürwortern von Genauigkeit Fragen aufwirft.

Mit seinen sechs Bänden, 2478 Seiten, 1522 Rezepten und 3200 Abbildungen gilt das Werk *Modernist Cuisine* als die zeitgenössische Enzyklopädie des Kochens schlechthin. Das von drei Autoren, den beiden Spitzenköchen Chris Young und Maxime Bilet, und dem IT-Milliardär Nathan Myhrvold (früher Chief Technology Officer bei Microsoft) verfasste Werk bildet alle chemischen, physikalischen und biologischen Prozesse des Kochens ab und hebt die kulinarische Kunst zugleich auf die höchste Stufe der Kreativität und wissenschaftlichen Techniken. Und es gelingt ihm, dies selbst Amateurköchen zu vermitteln. In diesem kolossalen Kompendium wird alles abgewogen, selbst das Wasser. Nur Salz wird oft »nach Belieben« verwendet. Eines der Rezepte, auf deren Zubereitung Köche (vor allem Amateurköche) besonders stolz sind, weil es ausgesprochen bekannt ist und als Inbegriff feiner kulinarischer Kultur gilt, ist das legendäre Kartoffelpüree von Joël Robuchon.

Joël Robuchon (* 1945 in Poitiers, † 2018 in Genf) war einer der einflussreichsten französischen und internationalen Köche, dessen Restaurants mit sage und schreibe 32 Michelin-Sternen ausgezeichnet wurden. Zu den zahlreichen Rezepten, die ihn berühmt machten, gehört zweifellos sein ebenso einfaches wie köstliches *purée de pommes de terre*. Das Besondere an der Zubereitung ist neben der exakten Einhaltung der einzelnen Arbeitsschritte (zuerst wird die kalte Butter zu den gekochten Kartoffeln gegeben, dann die lauwarme Milch) die Zutatenliste, die das Mengenverhältnis von Kartoffeln zu Fett in Gewicht angibt. [11] Doch auch in diesem berühmten Rezept wird die Dosierung von Salz und Pfeffer dem persönlichen Geschmack überlassen. Deshalb wird unser Kartoffelpüree, selbst wenn wir uns noch so viel Mühe geben, nie das von Robuchon sein.

Kochbücher aus aller Welt

Woran liegt es, dass einigen Ländern der Ruf vorauseilt, eine ausgezeichnete Küche zu haben, während andere nicht einmal genannt werden, wenn es um gutes Essen geht?

Ich werde darauf mit einem Trendbegriff antworten, der etwas beschreibt, das es schon immer gegeben hat: Storytelling, also die Kunst, Geschichten zu erzählen. Wie ist es beispielsweise Frankreich gelungen, seinen unvergänglichen Ruf als Land der Feinschmecker zu begründen, in dem man die Kunst der Spitzenküche so gut beherrscht, dass man die Nouvelle Cuisine erfunden, in die ganze Welt getragen und so über Jahre zum prädominierenden Modell gemacht hat? Wie kommt es, dass Auguste Escoffier (* 1846 in Villeneuve-Loubet, † 1935 in Monte Carlo), einer der berühmtesten französischen Köche, der die transalpine Küche modernisierte, schriftlich fixierte und Frankreich international zum kulinarischen Zentrum machte, überall auf der Welt Pflichtlektüre für angehende Meisterköche war? Warum ist der französische Gastronomieführer Michelin, der alle Restaurants der Welt nach französischen Maßstäben beurteilt, noch immer der einflussreichste und am meisten gefürchtete? Die Antwort liegt im Storytelling.

11 — **ZUTATEN FÜR DAS PÜREE NACH ROBUCHON:**
1 kg gelbfleischige Kartoffeln, 250 g kalte, gewürfelte Butter, 250 ml Milch, Salz und Pfeffer nach Belieben.

Bis zum 17. Jahrhundert war die traditionelle ländliche Küche in Frankreich nicht viel abwechslungsreicher oder origineller als die britische oder spanische. Doch im 17. und 18. Jahrhundert weiteten die französischen Könige ihre politische Macht aus und konzentrierten das gesellschaftliche Leben rund um die Höfe. Dort diente das Essen dem Wettstreit und war ein willkommener Anlass, sich snobistisch zu gebärden und seinen Reichtum zur Schau zu stellen. Bankette waren reine Machtdemonstration, und durch das Essen bestimmten sich die gesellschaftliche Stellung, die Bedeutung und das Ansehen eines Hofes. Nach der Revolution machten sich die Gastronomen diese Einstellung zum Essen zu eigen und brachten sie einer bürgerlichen Klientel nahe, die ihrerseits dafür sorgte, dass sich diese Gepflogenheiten rasch in ganz Frankreich verbreiteten und etablierten, indem sie die Rezepte entsprechend den lokal verfügbaren Grundprodukten abwandelte. De facto war das Essen Gegenstand einer Kommunikations- und Imagekampagne. Derweil hatte in Großbritannien die industrielle Revolution eingesetzt, durch die, anders als in Frankreich, die territorialen Unterschiede aufgehoben wurden. Zudem führte der Import zahlreicher Zutaten aus den Kolonien dazu, dass die lokalen Wurzeln der britischen Küche an Bedeutung verloren. In Großbritannien nämlich war nicht das Essen das wichtigste Indiz für die Herkunft, die Klassenzugehörigkeit und den sozialen Status. Ausschlaggebend waren vielmehr andere Indikatoren wie zum Beispiel sprachlicher Akzent, Bildung, Art und Lage des Wohngebäudes. Daher denkt man eben nicht an die englische Küche, wenn es um herausragende kulinarische Traditionen geht [12]. Einerseits hatte in den angelsächsischen Ländern die Berufstätigkeit der Frauen, die dementsprechend weniger Zeit zum Kochen hatten, Auswirkungen auf alle sozialen Schichten, andererseits begünstigte die industrielle Produktion von Lebensmitteln und die rasche Verbreitung von Fertiggerichten das Essen außer Haus.

Andere Nationen wie Italien, die in jenen Jahren mit einer stark zersplitterten Identität zu kämpfen hatten, nutzten das Essen als Mittel, um die eigenen kulturellen Ziele und Identitätsbestrebungen zu verwirklichen und die Gemeinschaft zusammenzuschweißen. Heute kauft man Kochbücher aus Skandinavien, Asien, Südamerika; das europäisch-zentristische Gleichgewicht hat sich zugunsten neuerer Küchen (nicht im Sinne neuerer Traditionen, sondern weil diese Gebiete erst in jüngster Zeit ins Blickfeld gerückt sind) verschoben. Doch auch wenn sich der geografische Bezug ändert, die Rezepte behalten weiterhin ihre Faszination. Ob in Print- oder Online-Fassung, in Podcasts oder im Fernsehen, wir können nicht umhin, sie zu lesen, zuzuhören, zuzusehen oder sie zu notieren. Während sich die übrigen Sparten des Buchhandels seit der Jahrtausendwende im freien Fall befinden, erleben die Kochbücher einen epochalen Aufschwung, denn sie machen noch immer einen wichtigen Teil des Umsatzes der Branche aus. Die weltweit meistverkauften Bücher [13] stammen von Köchen, Chemikern und Intellektuellen aller Couleur, die begierig darauf sind, ihre Rezepte mit denen zu teilen, die sie selbst ausprobieren möchten.

Der Feinschmecker und Margarita

Der aus der Romagna stammende Pellegrino Artusi, Gourmet und Kochbuchautor aus Leidenschaft, der als größter italienischer Feinschmecker des 19. Jahrhunderts gilt,

12 — Obwohl Großbritannien heute nicht den Ruf einer Nation mit ansprechender Esskultur hat, sind paradoxerweise einige der weltweit beliebtesten Storyteller Briten, etwa Jamie Oliver, Gordon Ramsay, Nigella Lawson und der verstorbene A. A. Gill.

13 — Dem amerikanischen Magazin *The New Yorker* zufolge ergibt sich für die meistverkauften Kochbücher der letzten 20 Jahre folgende Rangliste: **1.** *The River Cottage Cookbook*, Hugh Fearnley-Whittingstall (2001); **2.** *The Zuni Café Cookbook*, Judy

Rodgers (2002); **3.** *Momofuku*, David Chang und Peter Meehan (2009); **4.** *Modernist Cuisine: The Art and Science of Cooking*, Nathan Myhrvold, Chris Young und Maxime Bilet (2011); **5.** *Zahav: A World of Israeli Cooking*, Michael Solomonov und Steven Cook (2015); **6.** *Salt, Fat, Acid, Heat: Mastering the Elements of Good Cooking*, Samin Nosrat (2017); **7.** *Kitchen Confidential. Adventures in the Culinary Underbelly*, Anthony Bourdain (2000).

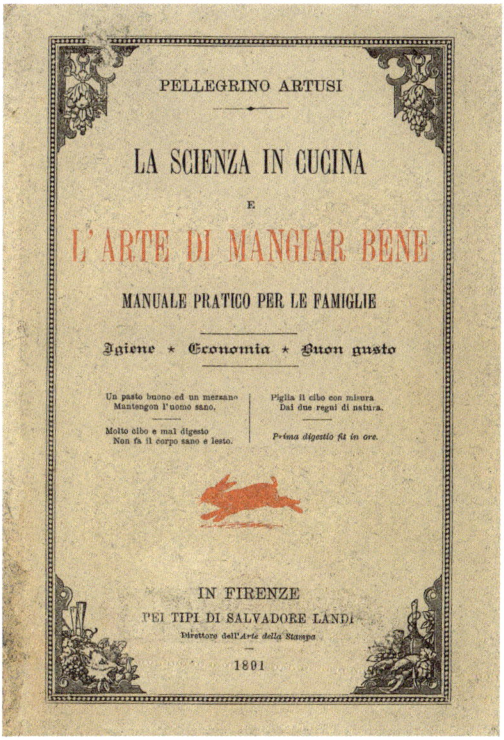

PELLEGRINO ARTUSI

LA SCIENZA IN CUCINA

E

L'ARTE DI MANGIAR BENE

MANUALE PRATICO PER LE FAMIGLIE

Igiene ★ Economia ★ Buon gusto

Un pasto buono ed un mezzano
Mantengon l'uomo sano.

Molto cibo e mal digesto
Non fa il corpo sano e lesto.

Piglia il cibo con misura
Dai due regni di natura.

Prima digestio fit in ore.

IN FIRENZE
PEI TIPI DI SALVADORE LANDI
Direttore dell'*Arte della Stampa*
1891

↑
Pellegrino Artusi ist noch heute eine wichtige Referenz für die italienische Küche.

verfasste das berühmte Opus *Die klassische italienische Kochkunst.*

Anliegen seines erstmals 1891 erschienenen Werks – neben *Pinocchio* von Carlo Collodi und *Die Verlobten* von Alessandro Manzoni eines der meistgelesenen Bücher Italiens – war es, alle Italiener gerade einmal 30 Jahre nach der Proklamation der nationalen Einheit gemeinsam an einen Tisch zu bringen, indem er dafür sorgte, die traditionellen Gerichte der einzelnen Regionen bekannt zu machen. Ein Vorhaben, an das sich vor Artusi noch niemand gewagt hatte. Seit 1891 wurde sein Buch immer wieder neu aufgelegt und in zahlreiche Sprachen übersetzt. Artusi gilt als Vater der italienischen Küche, und als solcher ist er nicht nur Teil der Geschichte und des kollektiven nationalen, sondern auch des internationalen Gedächtnisses. Noch heute wird er von Kochbuchautoren und italienischen Köchen zitiert und geschätzt, und in Forlimpopoli, seinem Geburtsort in der Romagna, wurde die Casa Artusi errichtet. Zu diesem kulinarischen Zentrum gehört neben einer Bibliothek, die Artusis privaten Literaturbestand und eine Sammlung von Büchern rund um das Thema Kochen beherbergt, auch eine

Kochschule, die an die Arbeit des Meisters anknüpft und sein Schaffen und seine Ideen, die nichts an Aktualität eingebüßt haben, lebendig hält. Und genau vor dieser Einrichtung, der Casa Artusi, präsentierte sich 2011 Margarita Forés, eine philippinische Köchin, Unternehmerin und Betreiberin eines kleinen Restaurantimperiums. Margarita, die Italien und die italienische Küche liebt, hatte sich mit Artusis Buch auseinandergesetzt und wollte diese spezielle Kochkunst an dem Ort erlernen, der dafür am besten geeignet ist: die Casa Artusi. Mit Geduld und Hingabe eignete sie sich dort bei ihrer Dozentin Carla Brigliadori die hohe Kunst der Pastaherstellung an. Vier Monate verbrachte sie in Italien, besuchte Märkte, lernte Zutaten, Kochkultur und die italienische Sprache kennen. Dann kehrte sie auf die Philippinen zurück und eröffnete 2013 in Manila die erste und einzige ausländische Niederlassung der Casa Artusi.

Margarita ist überzeugt, dass die italienische und die philippinische Küche viele Gemeinsamkeiten haben. Für beide symbolisiert Schweinefleisch Geselligkeit: Lechón ist ein philippinisches Nationalgericht, für das ein mit Gewürzen aromatisiertes Spanferkel im Ofen gegart wird; Grieben heißen in der philippinischen Küche Chicharrónes und haben die Konsistenz von Chips; Adobo ist ein süßsauer zubereiteter Schweinefleischeintopf. 2016 wurde Margarita Forés als beste weibliche Küchenchefin der 50 besten asiatischen Restaurants ausgezeichnet und verfolgt weiterhin ihren Kurs, Artusis italienische und ihre philippinische Küche zusammenzuführen.

↑
Lechón ist überall auf den Philippinen beliebt und darf bei keinem Festessen fehlen.

ANMACHEN UND WÜRZEN

KNOW-HOW UND GESCHMACK

Kondimente sind wichtige Bestandteile eines Gerichts, vor allem aber der Ernährungsform, zu der sie gehören und deren Wesen und Identität sie prägen. Etymologisch leitet sich der Begriff vom lateinischen *condire* ab, was so viel heißt wie schmackhaft machen, Geschmack verleihen; dies ist die Nebenform von *còndere*, was zusammenfügen, aber auch gründen bedeutet.

Dies lehrt uns der Nahrungshistoriker Massimo Montanari, und jeder Koch, jede Köchin überall auf der Welt würde es bestätigen. Es ist kein Zufall, dass angehende Köche in Hotelfachschulen lernen, wie man Sude und Fonds zubereitet, sind sie doch die unverzichtbare Grundlage für anspruchsvolle, wohlschmeckende Gerichte. Ihre Basis kann weißes oder rotes Fleisch, tierisches und pflanzliches Fett sein. Der französische Historiker Lucien Febvre, der sich mit der geografischen Verbreitung des Fonds in Frankreich befasste, hob hervor, dass es überaus spannend sei, sich geschichtlich damit auseinanderzusetzen, wie bestimmte Fette durch andere abgelöst wurden. Ebenso spannend ist ihre geografische Verbreitung. Während Öl zur mediterranen Küche gehört, steht Butter für die nordische. Im Fernen Osten werden Gewürze und fermentierte Soßen wie die berühmte Sojasoße, in Afrika hingegen Palmöl verwendet. Montanari zufolge ist es möglich, anhand der Geschichte der europäischen Essgewohnheiten, »Landkarten der Fette« zu erstellen, die sich je nach Epoche verändern. In der Antike war Öl ein Kennzeichen für Gesellschaften, die auf Ackerbau gründeten, im Gegensatz – auch geografisch – zu noch nomadisch geprägten Hirtenkulturen, in denen Butter und Schweineschmalz, die Fette der Barbaren, verwendet wurden. Im Mittelalter setzte sich das Schweinschmalz durch, während sich Öl als Alternative für Fastentage etablierte. Mit der Festlegung von Regeln und zulässigen Lebensmitteln für die Fastenzeit trug das Konzil von Trient mehr zur Verbreitung von Kondimenten auf Ölbasis bei als jede Werbekampagne. In der Folge bildeten sich die europäischen Butterregionen heraus – Bretagne, Normandie, England, die Niederlande und Deutschland –, während sich das Öl in Südfrankreich, auf der Iberischen Halbinsel und in Italien durchsetzte. Der Erfolg der Butter ist nicht zuletzt der enormen Anziehungskraft der französischen Küche geschuldet, die weltweit nachgeahmt wurde und die ganz im Zeichen von Butter und Üppigkeit stand. Als Pellegrino Artusi im 19. Jahrhundert den Versuch unternahm, die Küche ganz Italiens abzubilden, entwarf er im Geiste eine Landkarte anhand von Kondimenten: »Überall benutzen die Menschen zum Braten das Fett, das für ihre Gegend typisch ist und dort am besten gelingt. So gibt man in der Toskana dem Olivenöl den Vorzug, in der Lombardei der Butter und in der Emilia-Romagna schließlich dem Schweineschmalz.« Heute sind es die Ernährungswissenschaftler, die für das Öl werben und es aus Sorge vor erhöhten Cholesterinwerten und dem überhandnehmenden Übergewicht empfehlen.

→
Olivenöl ist ein Grundprodukt der Mittelmeerküche.

Kleine Geschichte der Gewürze

Man könnte die Weltgeschichte anhand von Gewürzen nachzeichnen. Nicht nur, weil es sie seit Jahrtausenden gibt, sondern auch, weil Reisende und Entdecker auf der Suche nach ihnen neue Wege beschritten und dafür sorgten, dass Kulturen sich mischten. Nehmen wir zum Beispiel den Pfeffer, den König der Gewürze. Ursprünglich stammt er aus Südindien und kam mit Alexander dem Großen (* 356 v. Chr., † 323 v. Chr.) ins Abendland. Plinius der Ältere dokumentierte seine wirtschaftliche Bedeutung bereits im 1. Jahrhundert in seiner *Naturalis historia*, und Apicius baute ihn in seine Rezepte ein. Zwar war Pfeffer in der Römerzeit weit verbreitet, doch der Gewürzboom setzte erst im Mittelalter ein. Es ist also kein Zufall, dass sich Christoph Kolumbus kurze Zeit später aufmachte, um eine kürzere Route für den Seeweg nach Indien, dem Hort kostbarer Gewürze, auszukundschaften. Die Kontrolle über den Pfefferhandel zu haben bedeutete Macht, und die Verwendung von Pfeffer in der Küche wurde für den Adel zum Statussymbol. Das seltene, kostspielige Gewürz kam aus der Ferne und wurde demonstrativ zur Schau gestellt.

In *Das Paradies, der Geschmack und die Vernunft: Eine Geschichte der Genußmittel* (1990) beschreibt Wolfgang Schivelbusch anschaulich die damalige Situation: »Das reich gewordene städtische Bürgertum imitiert den Adel in seiner ostentativen Luxusentfaltung. Immer mehr Menschen bekommen Lust auf prächtige exotische Kleider und scharf gewürzte Speisen, so kündigt sich der Herbst des Mittelalters und der Morgen der Neuzeit an. Die Pfeffersoße wird Bestandteil der bürgerlichen Küche.«

Das Angebot reichte nicht aus, um die gestiegene Nachfrage zu befriedigen, und es mussten neue Routen erschlossen werden, um an Pfeffer zu kommen. Es war nicht ganz das, wonach er gesucht hatte, aber Kolumbus fand etwas Besseres: »Überdies fanden wir viel ›Axi‹ – einheimischer Pfeffer –, der viel würziger schmeckte als der in Spanien verwendete; alle Speisen wurden damit gewürzt, was der Gesundheit sehr zuträglich sein soll.« Nicht nur, dass Kolumbus die Bewohner der neuen Welt »Indianer« nannte, er bezeichnete die Chilischote auch als *pimienta*, also Pfeffer, was in den folgenden Jahrhunderten noch für einige Verwirrung sorgen sollte.

Doch dank der Gewürze änderte sich der Lauf der Geschichte, und es wurden neue Kontinente und Verkehrswege für die Seefahrt entdeckt. Der Portugiese Vasco da Gama war der Erste, der Indien auf dem Seeweg erreichte und damit die Gewürzroute absteckte, über die eine direkte Versorgung mit orientalischen Gewürzen wie Gewürznelken, Pfeffer und Muskatnuss möglich wurde. So mussten keine arabischen, persischen oder venezianischen Händler mehr zwischengeschaltet werden, und auch der sonst übliche Aufpreis entfiel. Der für die mittelalterliche Küche typische Gewürzboom flaute mit der aufkommenden Renaissance etwas ab. Während der schwarze Pfeffer seinen Siegeszug fortsetzte, erfreute sich die Chilischote in den Küchen der Adligen keiner großen Beliebtheit. Bei den Bauern und dem einfachen Volk hingegen fand sie Anklang, konnte man damit doch ärmlichen, langweiligen Gerichte Geschmack verleihen. Unablässig wurden Gewürze von Osten nach Westen transportiert. Auf der Seidenstraße, die Europa und Asien verband, bestanden die beförderten Lasten aus bunten Pulvern, die der Konservierung von Lebensmitteln dienten, ihnen Geschmack verliehen, als Arzneimittel wirkten und zur Herstellung von Schönheitssalben benutzt wurden. Sich auf die Verwendung von Gewürzen zu verstehen wurde so zu einer wichtigen, eigenständigen Kunst, die sich vom Kochen im engeren Sinne unterschied.

DIE MISCHUNG MACHT'S

Von Samen über Wurzeln, Blätter und Rinden bis hin zu Beeren und Früchten - Gewürze stehen für ein buntes, vielfältiges Spektrum an Aromen und Düften. Ob im Ganzen oder gemahlen, frisch oder getrocknet und manchmal auch kandiert - die Menschen haben, wie wir bereits gesehen haben, schon seit jeher Gewürze - einzeln oder als Mischung - verwendet, um daraus Arzneimittel, Kosmetika, Parfüms herzustellen, und natürlich zum Würzen in der Küche.

Je nach Geschmacksvorliebe und Verfügbarkeit hat nicht nur jede Familie, sondern auch jede Gemeinschaft ihre eigenen Mischungen, die letztlich die Küche eines ganzen Landes prägen.

5 GEWÜRZE
China

Die Mischung besteht aus Sternanis, Szechuan-Pfeffer, Fenchelsamen, Cassia-Zimt (auch chinesischer Zimt genannt) und gerösteten, erkalteten und fein gemahlenen Gewürznelkenköpfchen. Sie wird in Marinaden, Eintöpfen und zum Würzen von Braten verwendet.

ADOBO
Lateinamerika

Die ursprünglich aus Spanien stammende Mischung ist zum Markenzeichen der lateinamerikanischen Küche geworden und wird hauptsächlich zum Marinieren von Fleisch und Fisch verwendet. Es gibt verschiedene Varianten, im Wesentlichen aber besteht sie aus Paprikapulver, Oregano, Kreuzkümmel, Knoblauchpulver und frischen Chilischoten.

ADVIEH
Iran

Diese Gewürzmischung der persischen Küche - auch bekannt unter dem Namen Adwiya - besteht aus Kardamom, Zimt, Gewürznelken, Kreuzkümmel, Ingwer, Kurkuma und Rosenblättern aus Isfahan. Sie eignet sich besonders für Reisgerichte.

BAHARAT
Naher Osten

Diese im Nahen Osten beliebte Gewürzmischung besteht aus fein gemahlenen Chili- oder Paprikaschoten, schwarzem Pfeffer, Kreuzkümmel, Koriander, Cassia-Zimt, Gewürznelken, Muskatnuss und fein gehacktem Kardamom. In der Türkei gibt man noch getrocknete Minze hinzu, im Iran Kurkuma, in Saudi-Arabien Fenchelsamen und Safran. Baharat wird zum Würzen von Fleischgerichten verwendet, zum Beispiel von Kebab und Köfte (Hackbällchen, meist aus Lammfleisch), Soßen und Suppen.

BERBÉRÉ
Äthiopien

Die Mischung basiert auf Chili und afrikanischem wilden Kardamom, Schwarzkümmelsamen, Ajowan (auch »Königskümmel« genannt, ein Gewürz mit stark bitterem und leicht scharfem Geschmack), Gewürznelken, schwarzem Pfeffer (oder Langpfeffer), Zimt, Bockshornklee, Kreuzkümmel und Koriander. Außerdem kann sie Ingwer, Muskatnuss, Piment, Kurkuma und Weinrautenfrüchte enthalten, wobei jede Familie ihre eigene Melange hat, die sie für Fleisch- und Gemüseeintöpfe verwendet.

CHILIPULVER
Mexiko – USA

Die ursprünglich zum Würzen von Chili con Carne entwickelte Mischung enthält verschiedene Chilisorten (wie Chipotle, Jalapeño oder Piri Piri), Paprikapulver, Kreuzkümmel, Oregano und Knoblauchpulver.

COLOMBO
Antillen

Diese Mischung stammt ursprünglich aus Sri Lanka (dessen Hauptstadt Colombo heißt) und verbreitete sich im karibischen Raum durch die Singhalesen, die im 19. Jahrhundert dorthin auswanderten, um auf den Zuckerrohrplantagen zu arbeiten. Sie wird aus geröstetem Reis hergestellt, der zusammen mit Kreuzkümmel, Koriander, Pfeffer, Bockshornklee, Senfkörnern, Kurkuma und Gewürznelken gemahlen wird.

DUKKAH
Ägypten

Mischung aus Kreuzkümmel, Pfeffer, Koriander, Sesamsamen, Walnüssen und Thymian. Man verwendet sie zum Würzen von Brot, Salaten oder gegrilltem Gemüse und in der Panade für Fleisch und Fisch.

GARAM MASALA
Indien

Für Garam Masala gibt es keine einheitliche Rezeptur, sondern zahlreiche verschiedene Varianten, die abhängig von der Region und manchmal sogar von der Familie variieren. Zu dem auf Kreuzkümmel, Koriander und schwarzem Pfeffer basierenden Gemisch kommen Muskatnuss, Gewürznelken, grüner und schwarzer Kardamom, Zimt, Macis und Lorbeer.

GOMASIO
Japan

Diese Mischung aus geröstetem Sesam und Salz, bei der das Verhältnis der beiden Bestandteile variieren kann, wird traditionell von Hand in einem speziellen Keramikmörser, dem sogenannten *Suribachi*, zubereitet. Man verwendet sie gern in salzarmer Kost, da sie auch roh zubereitete Speisen schmackhaft macht.

HARISSA Tunesien	Sehr scharfe Soße, die die geschmeidige, cremige Konsistenz einer Paste hat und aus frischen Chilischoten, Knoblauch, Kümmelsamen, Kreuzkümmel und Koriander hergestellt wird.
KHMELI SUNELI Georgien	Diese aus getrockneten Kräutern (Bohnenkraut, Dill, Minze, Petersilie, Bockshornkleeblätter, Lorbeerblätter) und Gewürzen wie Koriandersamen, schwarzem Pfeffer, Schabzigerklee, Selleriesaat und Tagetesblütenblättern bestehende Mischung eignet sich zum Würzen von Braten und Schmorgerichten, ist aber auch ideal für Marinaden und Suppen.
KRÄUTER DER PROVENCE Frankreich	Mischung getrockneter, für den Mittelmeerraum typischer Kräuter, die zum Würzen von Fleisch, Fisch und Gemüse verwendet wird. Die Bestandteile sind Rosmarin, Bohnenkraut, Oregano, Thymian und Basilikum.
MASSALÉ Réunion und Mauritius	Wie beim indischen Garam Masala, das als Vorbild für diese Melange diente, folgt jede Familie bei der Zubereitung aus den bewährten Zutaten – Koriandersamen, Kreuzkümmel, schwarzem Pfeffer, Kardamom, Muskatnuss, Gewürznelken, Zimt, Chili, Bockshornklee und Curryblättern – ihrem eigenen, streng gehüteten Rezept.
PANCH PHORON Bengalen	Mischung aus fünf Gewürzen, die zu gleichen Teilen aus Radhuni (einem seltenen Gewürz, das es nur in dieser Region gibt), Bockshornklee, Fenchel, Schwarzkümmel und schwarzen Senfkörnern besteht. Sie wird für Gemüse, Fleisch und Fisch verwendet.
RAS EL HANOUT Marokko	Singgemäß übersetzt bedeutet der Name »des Gewürzhändlers Auslese«, und da es keine einheitliche Rezeptur gibt, kann die Melange bis zu 50 verschiedene Einzelzutaten beinhalten. In der Regel enthält sie aber fast immer Koriander, Kreuzkümmel, Kurkuma, schwarzen Pfeffer, Langpfeffer, Ingwer, Kardamom, Macis, Gewürznelken, Zimt, Muskatnuss, Orangenschale, Senfkörner und Sternanis. Nicht selten wird ihr auch durch Zugabe von Rosen-, Lavendel- oder Jasminblüten eine blumige Note verliehen.
SHARENA SOL Bulgarien	Mischung aus Salz, Paprikapulver und Bohnenkraut, die auf Käse, Brot, Gemüse, Kartoffeln, also auf alles, was verfeinert werden soll, gestreut wird. Die Rezeptur der Mischung variiert von Region zu Region, von Familie zu Familie, und enthält manchmal auch Thymian und Kreuzkümmel.

←
Curryblätter sind eine häufig verwendete Zutat der südindischen Küche.

Curry gibt es nicht und ist doch überall

Der aus Kalkutta stammende Küchenchef Gaggan Anand [14] hat eine Mission: Er will der Welt zeigen, dass die indische Küche weit mehr ist als die bekannten Stereotype und dass das, was wir in der westlichen Welt als Curry kennen, gar nicht existiert. »Indien besteht aus 28 Bundesstaaten, und in jedem gibt es Hunderte verschiedener Gerichte. Das ist eine außerordentliche Vielfalt! Wenn wir genauer hinschauen, finden wir in Indien zwischen 30 und 36 unterschiedliche Küchen, die sich nicht mit der geografischen Einteilung in Regionen decken. Doch sie alle verbindet das Curry. Der aus dem Englischen stammende Begriff bezeichnet etwas, das die Konsistenz einer Soße oder Suppe hat. Ist dies der Fall, nennt man es Curry. In unserer Sprache gibt es das Wort nicht. Meine Mutter kennt es nicht!«

In allen Sprachen und Dialekten, die in Indien gesprochen werden, existiert das Wort »Curry« nicht, und kein Inder würde jemals diesen Begriff verwenden, um sein Essen zu beschreiben. Und doch denkt man, wenn man das Wort hört und an das damit verbundene Aroma denkt, im Rest der Welt an die berühmte und geschätzte indische Küche. Doch damit nicht genug. Geht man davon aus, dass es sich auch in diesem Fall, was den Ursprung anbelangt, um ein Fake-Gericht handelt, ist Curry, das von den Briten erfunden und verbreitet wurde, auch ein für Japan und viele andere Regionen Südasiens typisches Kondiment – abgesehen davon, dass es aufgrund seiner Beliebtheit und Verbreitung auf den Speisekarten in aller Welt zu finden ist. Kurz: Curry ist überall.

Die außergewöhnliche Geschichte des Currys zeigt anschaulich, wie Essen zu Vermischungen führen, neue Geschichten und Traditionen erschaffen und ganze Völker am Tisch vereinen kann.

Ausgangspunkt sind komplexe regionale Spezialitäten, die in einer Mischung aus Kolonialismus, Unternehmertum (das dem Wunsch und der Nachfrage des Marktes nachkommt) und Nostalgie in vereinfachter Form zu Klassikern werden, um sich andernorts durchsetzen zu können. Der Name Curry wurde im 16. Jahrhundert von der britischen Ostindien-Kompanie geprägt, vermutlich aufgrund der falschen Aussprache der tamilischen Wörter *khari* oder *caril*, die eine Gewürzmischung bezeichneten. Auch die Ankunft der Portugiesen 1510 in Goa hatte Auswirkungen auf das Curry, wie wir es heute kennen, denn sie fügten Chilischoten aus Amerika hinzu, die der Mischung ihre charakteristische Schärfe verliehen [15]. Da sie lange Zeit in Indien lebten, passten die Kaufleute und Beamten der Kompanie die lokalen Gerichte ihrem Geschmack an und vermischten ihre persönlichen Lieblingszutaten, ohne dabei traditionelle Kombinationen und regionale Herkunft zu berücksichtigen. So wurden Gewürze aus dem Norden mit aus dem Süden stammenden Frucht- oder Kokos-Chutneys kombiniert. Durch häufige Umzüge innerhalb der Region, bei denen sie ihre Köche mitnahmen, wurde die Verwendung von Curry in ganz Indien gebräuchlich.

Im 18. Jahrhundert erreichte das Curry das Vereinigte Königreich, wo es zum Inbegriff der Küche eines exotischen, fernen Landes wurde. Da es nicht so einfach war, die

14 — Sein Restaurant in Bangkok, das seinen Namen trägt, wurde vier Jahre in Folge als bestes Restaurant Asiens ausgezeichnet und stand 2019 in der renommierten Rangliste von *The World's 50 Best Restaurants* an vierter Stelle.

15 — Portugiesische Seeleute lieferten die Anregung für ein weiteres, überaus beliebtes angloindisches Gericht namens Vindaloo. Dabei handelt es sich um nichts anderes als die indische Version des portugiesischen *carne em vinha d'alhos*. Im Originalrezept wird das getrocknete Schweinefleisch mit Knoblauch in Rotwein eingelegt, während beim Vindaloo der Wein durch Kokosessig ersetzt wird und Chilis und andere Gewürze hinzugefügt werden.

Gewürze aufzutreiben, erfanden clevere Kaufleute das Currypulver, eine fertige Mischung, die einfach beim Kochen hinzugefügt wurde, um dem Gericht Farbe und Geschmack zu verleihen. Auf diese Weise wurde eine Standardversion entwickelt, die beliebig oft in genau der gleichen Form reproduzierbar war – ganz im Gegensatz zu dem, was in Indien geschah und noch immer geschieht; dort nämlich war und ist die Zusammenstellung von Gewürzen etwas Persönliches, Sakrosanktes, und jede Familie hatte und hat ihr eigenes bewährtes Rezept, was nicht nur die Gewürzsorten selbst, sondern auch die Mengen und die Reihenfolge, in der sie verwendet werden, einschließt. Das angelsächsische Curry »versündigt« sich zudem durch die Zugabe von Kurkuma. Dies wird allerdings aus rein ästhetischen Gründen hinzugefügt, um den Gerichten eine leicht orange Färbung zu verleihen.

Die ersten *curry houses* (Lokale, in denen man scharfe Currygerichte wie Chicken Tikka Masala, Balti und Vindaloo auch zum Mitnehmen bekam) wurden in den 1920er- und 1930er-Jahren von indischen Einwanderern eröffnet. Der eigentliche Boom setzte allerdings erst nach dem Zweiten Weltkrieg ein, als ein Gesetz des britischen Parlaments von 1948 allen Bürgern des Commonwealth gestattete, in Großbritannien zu arbeiten. Seitdem stiegen die Zuwanderungszahlen, insbesondere aus Indien und Pakistan, massiv an. In der Gastronomie versuchten sich vor allem Einwanderer aus Bangladesch. Sie eröffneten Fish-&-Chips-Läden und ergänzten die Speisekarte um Gerichte, die auch ihren Landsleuten schmeckten, und das waren vor allem Currys. Aus den 300 *curry houses*, die es in den 1960er-Jahren gab, waren in den 1980er-Jahren schon 3000 geworden, und bis 2011 war ihre Zahl sogar auf 12 000 angewachsen. Das Curry, wie wir es heute kennen, ist im Grunde ein Gericht, bei dem Fleisch- oder Käsestückchen, Gemüse oder Hülsenfrüchte in einer scharfen Soße serviert werden. Zu den Hauptgewürzen zählen Koriander, Kreuzkümmel, Ingwer, Kurkuma, Knoblauch und Chili, aber auch andere, regionaltypische Gewürze.

Das Gericht, das inzwischen ein Klassiker der internationalen Küche ist, ist Bestandteil der kulinarischen Tradition diverser Nationen. Es ist in ganz Südostasien verbreitet,

↓ **CURRY EROBERT DIE WELT:** Ob britische Erfindung oder indische Tradition, die Geschichte des Currys ist so facettenreich wie die unzähligen regionalen Varianten in Japan, Thailand, Südafrika und Jamaika. Es ist um die ganze Welt gereist und hat sich überall so tief verwurzelt, dass es sogar Zutat für ein typisches Berliner Streetfood geworden ist.

und in Indien, Pakistan, Bangladesch, China, Sri Lanka, Thailand und Macau gibt es Hunderte von regionalen Varianten. Wie bereits erwähnt, brachten die Briten das Curry Ende des 19. Jahrhunderts nicht nur nach Japan, wo es heute als traditionelles Gericht unter dem Namen *karē* sehr beliebt ist, sondern auch in den Karibikraum und nach Südafrika.

Warum liegt ein Curryduft über Berlin?

Wer in Berlin durch die Straßen geht, wird dem Currygeruch vermutlich kaum entgehen. Folgt man dem Duft, stößt man auf eine der zahlreichen Wurstbuden, wie sie überall in der Stadt zu finden sind und wo man ein schnelles, leckeres Streetfood bekommt: die Currywurst. Diese Brüh- oder Bratwurst aus Schweinefleisch wird in Scheiben geschnitten und mit einer roten Soße aus würzigem Ketchup oder Tomatenmark und viel Currypulver serviert. Das Ganze bekommt man in Pappschälchen mit kleinen Gabeln oder Spießchen, die dazu dienen, die Wursthäppchen zusammen mit den Pommes frites aufzuspießen. Die Deutschen sind geradezu verrückt danach und verdrücken angeblich jedes Jahr mehr als 800 Millionen Currywürste. Allein auf Berlin entfallen 63 Millionen, was einem Pro-Kopf-Konsum von jährlich 17 Würsten entspricht. Im Magazin *Monocle* habe ich gelesen, dass, würde man alle Currywürste, die in Deutschland in einem Jahr gegessen werden, aneinanderreihen, eine Wurstkette entstünde, die von Berlin bis nach San Francisco reicht. Entstanden ist dieses Gericht – kurz nach dem Zweiten Weltkrieg – tatsächlich in Berlin.

Der Legende nach fand die Köchin Herta Heuwer in einer Küchenschublade eine Gewürzmischung, die ihr ein britischer Soldat geschenkt hatte (in manchen Versionen der Geschichte wird davon ausgegangen, dass sich in der Schublade auch Worcestersoße befand), und verwendete sie zum Würzen einer Schweinswurst. Das Ergebnis war erstaunlich lecker. So eröffnete Herta Heuwer am 4. September 1949 in Berlin, Kantstraße Ecke Kaiser-Friedrich-Straße, die erste Currywurstbude. Die vielen Arbeiter und Maurer, die die Stadt nach den Bombardements wieder aufbauten, waren sofort ganz wild darauf, und so wurde die Currywurst zum beliebtesten Streetfood der Berliner. Heute erinnern eine Gedenktafel und der über der Stadt liegende Curryduft an Hertas Imbissbude.

CURRY EROBERT DIE WELT
Indien

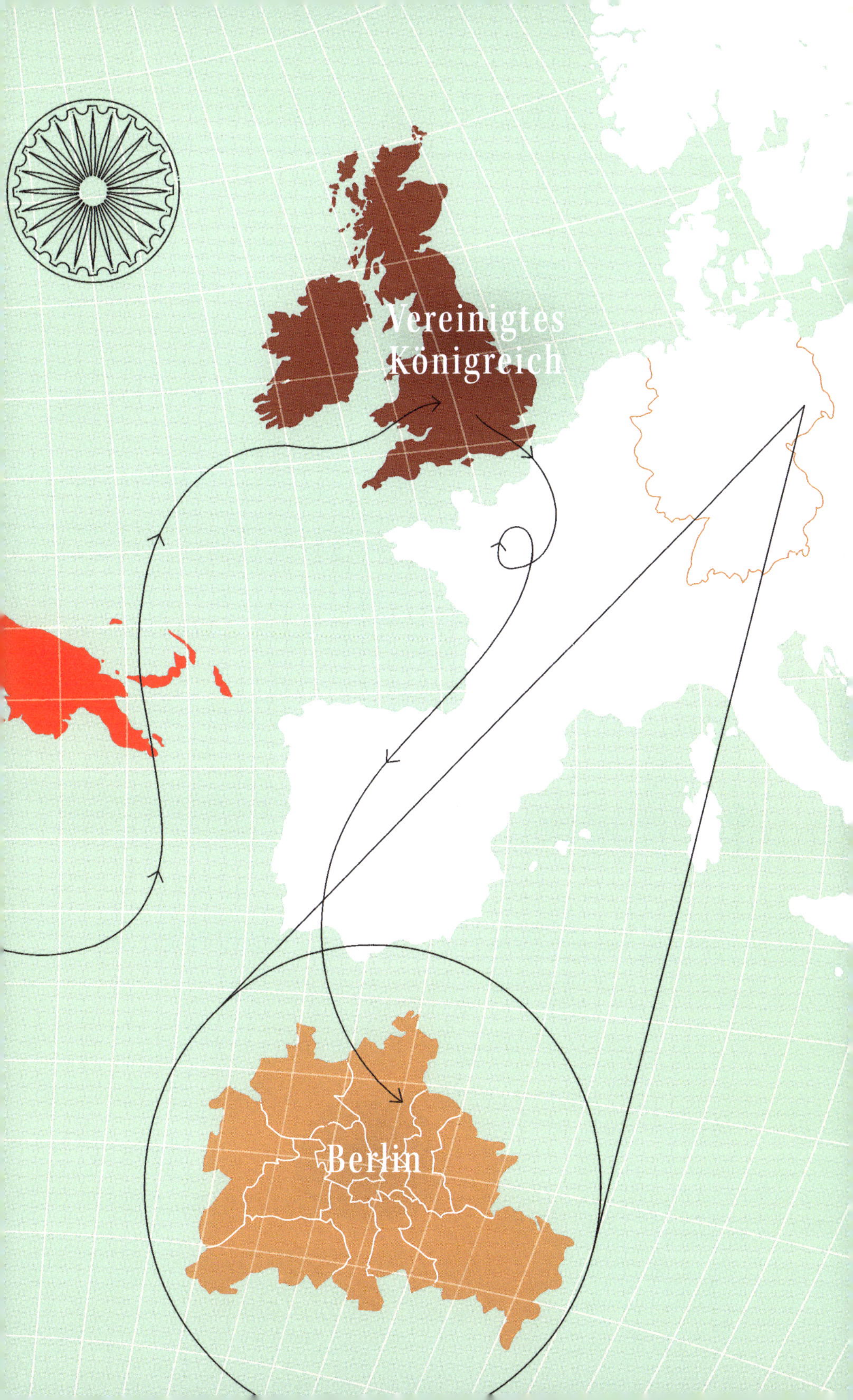
Vereinigtes
Königreich
Berlin

KONSERVIEREN

NAHRUNGSMITTEL FÜR MORGEN

Wie jede Beziehung ist auch die Beziehung zum Essen nicht immer eine einfache. Zu den vielen Herausforderungen, die der Mensch zu bewältigen hatte, gehörte auch die Frage der Lagerung. In warmen Breiten verdarben frische Lebensmittel rasch, in kalten Gegenden mussten je nach Jahreszeit Vorkehrungen getroffen werden, damit die vorhandene Nahrung so lange wie möglich haltbar blieb.

Bis zum 19. Jahrhundert, als der französische Konditor Nicolas-François Appert eine Möglichkeit fand, Lebensmittel unter Luftabschluss zu lagern, und einige Jahrzehnte später Charles Tellier den Kühlschrank erfand, war Salz ein weit verbreitetes Konservierungsmittel. Das Einsalzen von Fleisch und Fisch und die Konservierung von Käse und Gemüse in Salzlake waren die gängigsten Methoden der privaten und industriellen Vorratshaltung. Auch mithilfe von Luft und Rauch können Lebensmittel – durch Trocknen und Räuchern – konserviert werden. Um sie länger haltbar zu machen, wird ihnen bei der Trocknung, etwa von Getreide, Fisch, Fleisch und Gemüse, die Flüssigkeit entzogen. Beim Räuchern ist das Ziel dasselbe, nämlich Lebensmittel im Rauch zu trocknen. Die alten Konservierungsmethoden werden nach wie vor angewandt, obwohl wir uns heute auf leistungsfähige Kühlschränke und Lebensmittel voller Konservierungsstoffe (seufz!) verlassen können. Heutzutage ist die Konservierung von Lebensmitteln vielleicht eher mit der Idee der Wiederverwertung und Abfallvermeidung verknüpft und für den umsichtigen, aufgeklärten Verbraucher und alle, die ein nachhaltiges, ressourcenschonendes Verhalten an den Tag legen möchten, ein Muss. Was dabei in den Küchen von Mexiko bis Vietnam und in ganz Europa für Kopfzerbrechen sorgt, ist immer und überall das Problem der Verfügbarkeit der Grundprodukte. Entscheidet sie doch darüber, was zu welcher Jahreszeit gekocht werden kann, will man das Beste aus den Zutaten herausholen.

Die Luft von Tromsø

Die international am weitesten verbreitete Methode der Lebensmittelkonservierung ist die Trocknung, die bei Getreide, Fleisch oder Fisch zur Anwendung kommt. Im Grunde kann man alles trocknen, und zwar überall, denn es bedarf nur einer Voraussetzung, die stets vorhanden ist: Luft. Die Trocknung ist etwa in der japanischen Küche ein wichtiges Verfahren, wo getrocknete Lebensmittel vor allem verwendet werden, damit Suppen würzig und umami [16] schmecken. In der Wikingerzeit gehörten die skandinavischen Länder zu den ersten in Europa, die diese Technik anwendeten, um schwer erhältliche Lebensmittel in der kältesten Zeit des Jahres so lange wie möglich zu konservieren. Als *hjell* bezeichnet man im Norwegischen die riesigen, bis zu zehn Meter hohen satteldachartigen Gestelle, an denen haufenweise Fische zum Trocknen im Freien aufgehängt werden. Diese »Kathedralen« stehen in Küstennähe, wo die Luft trocken und kalt ist, und verströmen genau den Modergeruch, den man erwartet. Nicht weit von Tromsø, der größten Stadt Nordnorwegens, im unberührten, dünn besiedelten Teil des Landes, hoch über dem Polarkreis, erstreckt sich ein solches Gestell gleichsam in Form einer Pfahlkonstruktion in den Fjord hinein, behängt mit bunten Rogentaschen von Kabeljauen. Ein echter, unbewachter Wikingerschatz. »Hier weiß niemand, was *bottarga* ist«, erzählt Lia Berti, Vertriebsmanagerin und Mitbegründerin von Bottarga Borealis, während sie auf eine Leiter klettert, um den Trocknungsprozess zu kontrollieren. Die Skrei-Saison ist fast vorbei. Nun tut die Zeit ein Übriges. Im Frühling dominieren Grautöne und das Weiß des Schnees, während sich die Tage allmählich mit Licht füllen. Noch kann man am Himmel die Polarlichter sehen, doch schon bald wird dies der Schein der Mitternachtssonne unmöglich machen. Einige Wochen lang werden die kleinen Fischerboote auf dem Meer noch nach dem begehrten Skrei suchen. So heißt in Norwegen der arktische Wildkabeljau, der jedes Jahr von Januar bis April aus der Barentssee an die norwegische Küste zu seinem Laichgrund zieht. Und das hat nichts mit der Kondition skandinavischer Fische zu tun, sondern mit ihrem Bedürfnis nach Liebe, das sie dazu bringt, große Entfernungen in eisigen, ungestümen Gewässern zurückzulegen, um sich zu paaren. Diese Mühen sorgen beim Skrei für einen wohlgeformten Leib mit geringem Fettanteil. Emotional betrachtet ist er jedenfalls ein Romantiker, gastronomisch gesehen der beste Kabeljau der Welt. Lia kam 2010 als Studentin nach Tromsø und beschloss zu bleiben. An der Universität lernte sie den schwedischen Unternehmer Joakim Wikström und den finnischen Chemiker Jonas Juselius kennen, den die beiden anderen für einen Food-Nerd hielten. Eines Tages entdeckte Jonas in einem italienischen Foodblog zufällig die *bottarga*, ein Produkt, das ihm so interessant erschien, dass er auf die ebenso simple wie kühne Idee kam: »Warum nicht *bottarga* in Norwegen aus Kabeljau herstellen? Wir haben den besten Fisch der Welt und jede Menge trockene, eiskalte Luft, um ihn optimal zu trocknen.« In Norwegen wird nicht das kleinste Stück Kabeljau weggeworfen, und die Rogentaschen werden geräuchert oder gekocht. Aber niemand war bislang auf die Idee

16 — Zusammen mit süß, salzig, sauer und bitter ist umami eine der fünf Grundgeschmacksrichtungen. Sie wurde 1908 in Japan von Kikunae Ikeda, einem Chemieprofessor an der Universität Tokio, entdeckt. Das japanische Wort steht für »schmackhaft« und verweist auf das Aroma von Glutamat, das in Lebensmitteln mit hohem Proteingehalt wie Fleisch oder Käse enthalten ist.

↑
Vor dem Schnee geschützt trocknen die Rogentaschen der Kabeljaue in der eiskalten arktischen Luft.

gekommen, bei der *bottarga*-Herstellung das traditionelle, für den Mittelmeerraum typische Verfahren anzuwenden. Als Vorbild dient die geschätzte, hochpreisige *bottarga di Cabras*, die auf Sardinien aus Meeräscheneiern hergestellt wird. Noch nie waren Joakim und Jonas auf Sardinien gewesen, noch nie hatten sie sie probiert. Lia schon, und sie ist verrückt danach. Die drei Freunde begannen mit der Produktion. Als Betriebsstandort entschieden sie sich für das Obergeschoss einer Fischanlandestation, an der die Boote der Skrei-Fischer festmachen und die es vielfach entlang der Küste gibt. Dort wird der Kopf vom Kabeljau abgetrennt und der Fisch ausgenommen. Lia kümmert sich persönlich um die Auswahl der besten, intakten Rogentaschen. Jede Rogentasche hat einen anderen Farbton, den sie nach dem Trocknen behält. Beim Kabeljaurogen reicht das Farbspektrum von Orange über Bernsteinfarben bis hin zu Rosa. Sein Geschmack ist überaus delikat, wodurch er vielseitig einsetzbar ist. Die Rogentaschen werden gewaschen und gesäubert, gesalzen und 24 Stunden gepresst. Im Anschluss daran werden sie paarweise mit einer Schnur zusammengebunden und an den horizontalen Holzstreben der Pfahlkonstruktion am Meer aufgehängt. Dort baumeln sie zehn bis 15 Wochen in der trockenen, eisigen Luft des arktischen Küstenwinters. Und so haben ein Schwede, ein Finne und eine Italienerin den Norwegern, die bisher ausschließlich geräucherten oder gekochten Rogen kannten, dort mit der *bottarga* etwas Neues präsentiert.

Gute Bakterien - die Welt ist voll davon

Die wohl komplexeste und kulturell interessanteste Methode der Lebensmittelkonservierung ist die Gärung oder Fermentation. Diese seit Jahrhunderten angewandte Technik findet sich vor allem in der fernöstlichen Kultur, wo Miso (eine japanische Würzpaste, die durch Fermentation von Sojabohnen, Meersalz und Getreide wie Reis oder Gerste hergestellt wird) oder Kimchi (eine traditionelle koreanische Speise aus vergorenem Kohl) weit verbreitet sind. Aber eigentlich werden Lebensmittel überall fermentiert, vor allem dort, wo es Käse, alkoholische Getränke oder essigsauer Eingelegtes gibt. In allen Teilen der Welt werden je nach klimatischen Bedingungen und vorhandener Mikrobenflora Lebensmittel, die länger gelagert werden sollen oder müssen, der Gärung überlassen. In Europa werden hauptsächlich Fleisch, Käse und Gemüse vergoren, in Afrika Getreide. In Asien hingegen – eigentlich die Wiege fermentierter Lebensmittel – wird auch mit Gemüse, Fisch und Hülsenfrüchten, insbesondere Soja, experimentiert. Während die Fermentation ursprünglich ausschließlich der Haltbarmachung diente, wird sie heute häufig eingesetzt, um organoleptische Eigenschaften durch die Veredelung von Grundprodukten und Beeinflussung des Geschmacks zu verändern. Dank dieses natürlichen, umweltverträglichen Verfahrens, das sich die spontane Wirkung von Mikroorganismen wie Schimmelpilzen, Hefen und Bakterien zunutze macht, werden die Speisen zudem besser verdaulich.

Beim ersten Cook-It-Raw-Festival 2010, an dem die renommiertesten Köche der neuen kulinarischen Avantgarde teilnahmen, präsentierte René Redzepi vom Kopenhagener Restaurant Noma, das in jenem Jahr (wie auch 2011, 2012 und 2014) zum besten Restaurant der Welt gekürt wurde, ein Gericht, das zum Manifest der *raw*-Küche wurde: *The Jensen's hard winter of 1941*.

Redzepi versetzte sich zurück in den Winter 1941, den kältesten in der dänischen Geschichte (damals konnten die Dänen tagelang das Haus nicht verlassen), und wollte die Geschichte eines Abendessens bei Familie Jensen (der häufigste dänische Nachname) erzählen, das sich aus dem zusammensetzte, was in der Umgebung – nicht zuletzt wegen der Besetzung durch Nazi-Deutschland und der daraus resultierenden Rationierung der Lebensmittel – überhaupt noch auffindbar war. So lag auf dem Teller ausschließlich sauer Eingelegtes: Wurzeln, Rosen, Holunderblüten und Sprossen [17]. Federführend bei der Wiederentdeckung der Fermentation durch die Avantgarde-Küche ist ohne Zweifel Redzepi, der auch eine führende Rolle innerhalb der neuen nordischen Küche spielt, die für Verschiebungen in der internationalen kulinarischen Geografie gesorgt hat, seit erstmals in der Geschichte auch verschiedene skandinavische Spitzenrestaurants in die Liste der weltbesten Restaurants aufgenommen wurden. Neben seinem Restaurant betreibt Redzepi noch ein veritables Fermentationslabor.

17 — Beim essigsauren Einlegen werden Lebensmittel durch anaerobe Gärung in einer Salzlake konserviert.

Riga und das Land der Einmachgläser

Als er 1930 eröffnet wurde, galt der Rigaer Zentralmarkt als der größte und avantgardistischste Europas. Die überdachten Hallen sind streng nach Lebensmitteln unterteilt: Fleisch, Fisch, Käse, fermentierte Lebensmittel, Brot. Im Außenbereich findet man Obst, Gemüse, Blumen und verschiedene Stände mit Kunsthandwerk. Im Gegensatz zu den mediterranen Märkten ist es hier, auf dem Markt an der Ostsee, alles andere als laut. Der verbale Austausch zwischen Kunden und Verkäufern wird auf ein Mindestmaß reduziert. Hier findet man alles: vom geräucherten Fleisch (vor allem Schwein) bis zu Süßwasserfischen, vom Schwarzbrot bis zu Dutzenden Honigsorten, vom Käse bis zum Rhabarber (aus dem nahezu alles hergestellt wird: Kuchen, süße Teigtaschen, Marmelade, Eis, Chutney, Wackelpudding, Pickles, kandierte Früchte und ein außergewöhnlicher Wein), vom Birkensaft bis zum Kaviar. Mit dem Ende der Sowjetzeit hielten auch Kräuter und Gewürze Einzug auf dem Markt, darunter Thymian und Basilikum, die heute vor Ort angebaut werden. Wechselt man die Halle, ändern sich mit den Produkten auch die Gerüche und Farben. Den skurrilsten Anblick bietet zweifelsohne die Sektion mit den eingelegten Lebensmitteln: zu Pyramiden aufgetürmte Gläser mit Gemüse, das entweder sauber eingeschichtet

Fermentation kennt keine Grenzen.
Sie gehört ebenso sehr zur dänischen
Kochtradition wie zur italienischen,
japanischen oder chinesischen.
Ohne Fermentation kein Kimchi,
kein luftiges Sauerteigbrot, kein
Parmesan, kein Wein, kein Bier,
keine Schnäpse [...].
Ohne Fermentation kein Noma.

René Redzepi
Das Noma-Handbuch Fermentation — 2019

und mit einer Marinade übergossen wurde, die seine Farbe verändert hat, oder das schwerelos in Aspik zu schweben scheint. Auf den Verkaufstheken zu Bergen aufgehäufte Kohlköpfe und mit Gewürzen eingelegtes Kraut, dem die Marinaden eine künstliche Farbe (Pink, Neonelb, Smaragdgrün) verliehen haben. Und dazu gewöhnungsbedürftige Gerüche und Aromen, die nur etwas für robuste Mägen sind. Lettland ist die Heimat der Wildbeeren, die hier in ungeahnter Sorten- und Farbenvielfalt (Orange, Lila, Blau, Gelb, Rot ...) angeboten und zum Verkauf einfach mit der hohlen Hand aus den Weidekörben geschöpft werden. Für ihre Namen gibt es keine Übersetzung, und so bleiben sie für uns rätselhafte Fremdlinge. Die Geschmackspalette reicht von bitter bis sauer, von süß bis pfeffrig, sodass sie nicht selten für ein Kribbeln auf der Zunge sorgen oder sich der ganze Mund zusammenzieht. Sie sind es aber auch, die dem Eingelegten etwas Beschwingtes verleihen. Die Letten behaupten, Lettland sei das Land der Einmachgläser, und jedes Haus habe einen Keller, in dem die Familien Gemüse und Wildbeeren, selbst gemachte Liköre und Pilze vergären. Fermentierte Produkte sind wie Menschen: Sie wachsen, reifen, verändern sich im Laufe der Zeit und entwickeln sich zu etwas Einzigartigem. Wenn in diesen Breiten das Angebot knapp ist, bedeutet »Saison«, entweder kreativ zu sein oder zu warten: Wer Sauerkrautsuppe essen möchte, muss eben bis Oktober warten, bis die Gärung abgeschlossen ist. Dasselbe gilt für den Birkensaft, der im Frühjahr nur wenige Wochen frisch getrunken und anschließend mit einem entblätterten Zweig der Schwarzen Johannisbeere, Beeren und ein paar Rosinen in Flaschen vergoren wird.

Joško Gravners Amphorenwein

Bei der Gärung wird Zucker in Alkohol umgewandelt, und so entsteht das magische Produkt Wein. Die ersten Reben wurden vor 9000 bis 10 000 Jahren in Georgien angebaut, als man zufällig entdeckte, dass Trauben, die man in einem Tongefäß vergessen hatte, zu gären begannen. Schon immer kam der Agrarwirtschaft in diesem Land, das auf die älteste durchgehende Weinbautradition der Welt zurückblicken kann, eine besondere Rolle zu. Und noch heute werden dort mehr als 500 heimische Rebsorten angebaut. Das warme Klima und die feuchte Luft, die vom Schwarzen Meer heraufzieht, bieten ideale Bedingungen für den Weinbau. Georgische Familien kultivieren ihre eigenen Trauben und stellen den Wein auf traditionelle Weise her. Dabei werden die Trauben in Tonamphoren, *kvevri* genannt, gefüllt, die, mit einem Holzdeckel verschlossen, über den Winter zur Gärung in der Erde vergraben werden.

Im Grenzgebiet zwischen Italien und Slowenien, zwischen dem Collio und den Brda-Hügeln, erlebt eine der ältesten Weinbautraditionen eine Renaissance: die Amphorengärung. Viele Winzer, die ein möglichst naturnahes Produkt erzeugen möchten, stützen sich heute auf traditionelles Know-how und richten den Blick nach Georgien. Denn das Land ist wieder zum Zentrum einer Weinwelt geworden, die experimentell an die Vergangenheit anknüpft. Einer der Ersten, der umsteuerte, war Francesco – genannt Joško – Gravner, der im Grenzgebiet, in Brda, auf 15 Hektar Ribolla und Pignolo anbaut. Wie alle in dieser Gegend ist er Weinbauer. Doch im Gegensatz zu den anderen entschied er sich Ende der 1990er-Jahre als Erster dafür, seine Weine in Amphoren zu vergären. Die Spontanumwandlung des Mosts in Wein und die längere, langsamere und ausgewogenere Gärung ermöglichen es, das Beste aus den Schalen zu extrahieren. Joško reiste nach Georgien, in den Teil des Kaukasus, wo die Erinnerung und das Wissen darüber, wie Wein ursprünglich hergestellt wurde – in großen Tonamphoren, die in die Erde eingegraben wurden – noch lebendig sind. Er hatte die Absicht, Amphoren zu kaufen, sie nach Friaul mitzunehmen und seinen Wein dort so herzustellen wie im an Aserbaidschan angrenzenden Kachetien. Seither werden seine Weine mit langer Mazerationszeit in den sich nach unten verjüngenden Amphoren – die eine neben der anderen im Keller eingegraben werden – mit Naturhefen und ohne Temperaturkontrolle vergoren. Wie Gravner haben viele andere italienische Winzer ihre Weinherstellung »reformiert«, indem sie zu den Ursprüngen zurückkehrten, also Holzfässer und Stahltanks zugunsten von Tonamphoren aufgaben.

Gravners Wein gilt als einer der besten der Welt. Denn in ihm vereinen sich traditionsreiche Geschichte und moderne Geografie zu einem Produkt, das bis heute überall auf der Welt Faszination hervorruft.

↓ **GEGORENE GETRÄNKE:** Welche Art von Alkohol konsumiert wird, ist abhängig von der Gegend. Im Mittelmeerraum und in Weinbaugebieten trinkt man meist Wein und Traubendestillate wie Tresterschnaps. In Gegenden mit Getreideanbau konzentrieren sich Produktion und Konsum auf Bier, Wodka oder Sake. In tropischen Ländern bilden Pflanzen wie Agaven (Tequila) oder Zuckerrohr (Rum) die Basis für die Herstellung alkoholischer Getränke. Das weltweit meistkonsumierte alkoholische Getränk ist Bier.

GEGORENE GETRÄNKE

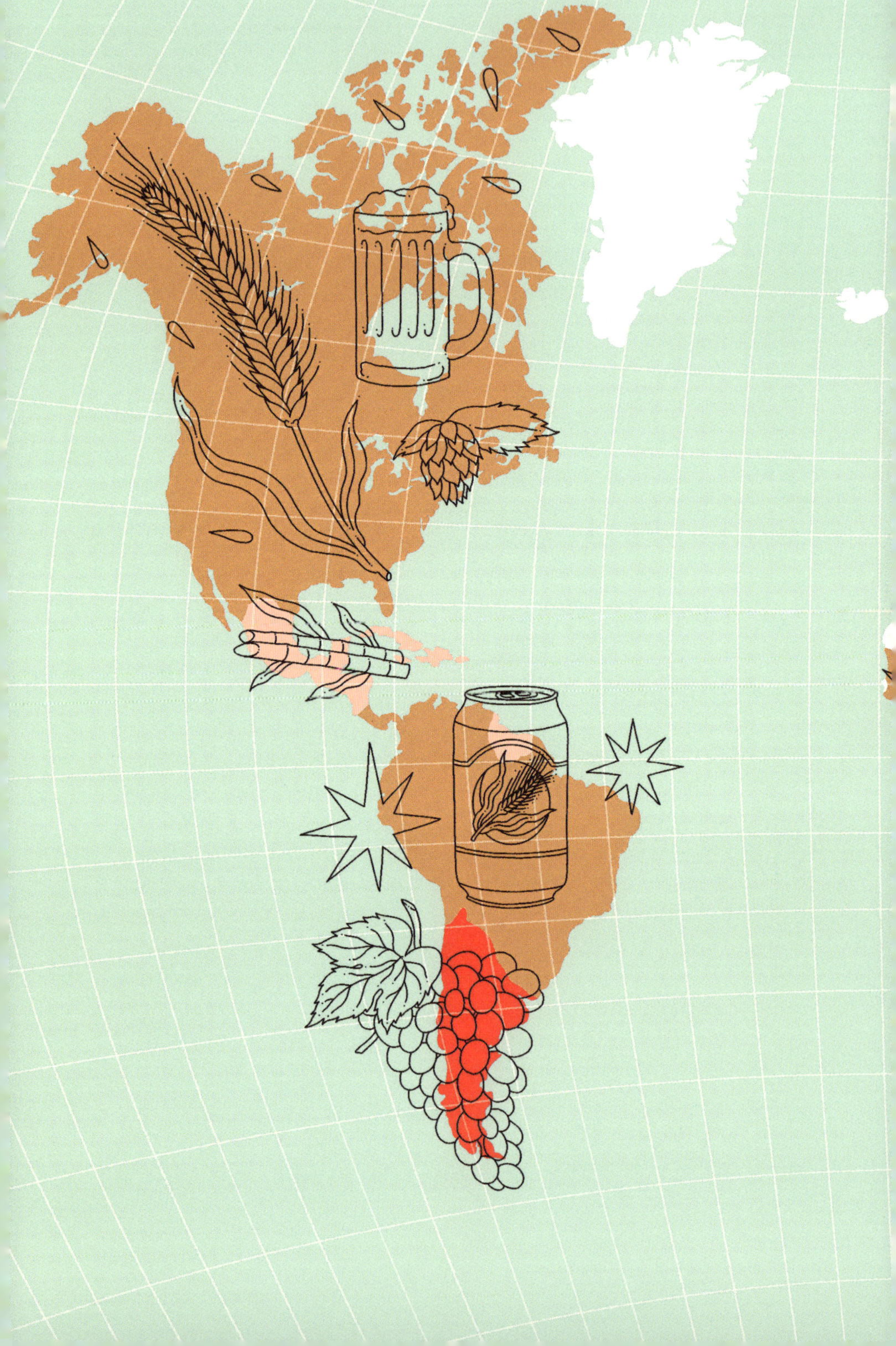

WEIN
BIER
SAKE

NEUES KREIEREN

DIE GRENZEN DES GESCHMACKS

Essen ist nichts Statisches. Manchmal ändern sich die Zutaten – die Entdeckung Amerikas beispielsweise sorgte für den größten Austausch von Nahrungsmitteln in der Geschichte und beeinflusste unwiderruflich die kulinarischen Geschicke von uns allen – oder, und das ist viel häufiger der Fall, die Rezepte ändern sich.

Essen ist immer auf Reisen, vor allem, wenn es schmackhaft und unkompliziert ist, denn es ist ein Migrant, und Migration bedeutet nicht nur, in eine andere Gegend zu übersiedeln, sondern auch in einer neuen Kultur Fuß zu fassen – Sprache, soziale Gewohnheiten und kulinarische Traditionen eingeschlossen. Durch diese erzwungene kulturelle Umstellung verspüren Migranten stärker als andere das Bedürfnis, sich zu ihrer Identität zu bekennen anstatt sie aufzugeben, und das beginnt beim Essen. Denn das Essen ermöglicht es, jederzeit spontan und wahrnehmbar die Verbindung zur Herkunftskultur aufrechtzuerhalten. Doch die größte Hürde, die man nehmen muss, um Gerichte aus der heimischen Küche andernorts nachkochen zu können, stellt die Beschaffung der benötigten Zutaten dar. Und sollte dies nicht möglich sein, kommt die Kreativität ins Spiel. Not macht erfinderisch. Eine derartige Lösung mag einerseits wie eine kleine Genugtuung für die einheimische Produktion erscheinen (anstelle der kampanischen Büffelmozzarella nimmt man einen lokalen Käse für den Belag der Pizza), andererseits jedoch ist sie zweifellos ein Beispiel für das in Frankreich unter dem Begriff *mixité* zusammengefasste Phänomen, das heißt für Integration und soziale Durchmischung. Und genau dies sind die Augenblicke, in denen, gewissermaßen hin- und hergerissen zwischen Sehnsucht und Notwendigkeiten, Speisen entstehen, die zu echten Ikonen werden können wie etwa die *Fettuccine Alfredo*, ein Aushängeschild der italoamerikanischen Einwandererküche, für die es jedoch in der traditionellen italienischen Esskultur keinerlei Entsprechung gibt. Das in den Vereinigten Staaten beliebte und verbreitete Gericht wurde Anfang des 20. Jahrhunderts von Migranten kreiert, die sich nach ihren simplen, frugalen Nudeln mit Butter und Käse sehnten.

Entstanden sind solche Fusionsküchen vor allem durch die Massenmigration. Länder, die aufgrund ihrer Geschichte und Lage von jeher Wegbereiter kultureller Vermischung, ethnischer Verschmelzung und der Verquickung von Traditionen waren, sind Hüter facettenreicher multikultureller Küchen, die das komplexe, vielfältige Erbe des Kolonialismus und der Einwanderung mit sich führen. Es sind Küchen, bei denen zwei verschiedene Kochkulturen am selben Ort aufeinandertreffen. Beide sind Kinder des Ortes, aber mit einer andersartigen, eigenständigen Identität, die ihrerseits in der Welt umherreisen kann. Markiert die Fusionsküche doch ein neues Gebiet, das nicht nur geografische, sondern auch soziale und imaginäre Grenzen hinter sich lässt. Seit Jahrhunderten gilt die thailändische Küche als eine solche Fusionsküche, seit nämlich Curry aus Indien, Bandnudeln aus China, Chilischoten aus Afrika und Wurzeln, Insekten und Früchte aus den Bergen dazukamen. Ein absoluter Augenschmaus und scharf und frisch zugleich. Auch auf Mauritius, wo es im Grunde keine einheimische Bevölkerung gibt, ist die Küche Spiegel des bunten kulturellen Gemischs der Insel. Das kosmopolitische Eiland ist besiedelt von den Nachkommen der Sklaven und Einwanderer aus Europa, Afrika, Indien und China, die an diesem traumhaften Ort auf den Vanille-, Tee- und Zuckerrohrplantagen arbeiteten. Aus der Verbindung verschiedener Esskulturen, die miteinander kombiniert die Aromen und Grunderzeugnisse der Insel zur Geltung bringen, hat sich eine Küche entwickelt, die den kräftig-würzigen kreolischen mit dem raffinierten französischen und mediterranen Geschmack sowie den Techniken der chinesischen und asiatischen Küche verbindet.

Wie die brasilianische Musik ist auch die Küche des Landes das Ergebnis einer Vielfalt, die, geschickt interpretiert und gestaltet, wahre sensorische Wunder vollbringt. Während die Samba aus der Verschmelzung des spanischen Boleros mit afrikanischen Rhythmen entstanden, der Bossa nova vom nordamerikanischen Jazz beeinflusst ist und der Tropikalismus etwas Italienisches und etwas Karibisches hat, basiert die brasilianische Küche auf einem Gemisch, das das Erbe der indigenen Völker, der portugiesischen Siedler, der afrikanischen Sklaven und sonstiger, aus Europa, dem Nahen Osten und Asien stammender Einwohner aufgreift.

Der Begriff Fusionsküche beschreibt also einen interkulturellen Prozess, der sich im Laufe von Jahrhunderten entwickelt und das, was er vorfindet, überlagert, um etwas Neues und höchst Kreatives entstehen zu lassen.

1868

Die kulinarischen Achtundsechziger des 19. Jahrhunderts begannen, als in Japan der Prozess der politischen und kulturellen Erneuerung einsetzte und man die Grenzen öffnete. Von diesem Moment an war die Welt nicht mehr dieselbe. Die wunderbare Kunst der japanischen Küche verbreitete sich allmählich über die Landesgrenzen hinaus und bescherte uns das, was wir bis heute schätzen. In der Meiji-Zeit Ende des 19. Jahrhunderts wanderten Tausende von Japanern nach Peru aus, wo man ihnen den Namen »Nikkeijin« gab. Die traditionelle peruanische Küche, die gerade wiederentdeckt wird, verbindet die kräftige, gehaltvolle Esskultur prähispanischer und spanischer Prägung mit der afrikanischen und maurischen. Ergänzt wird das Ganze durch Einflüsse der feinen französischen und italienischen Einwandererküche sowie die Klugheit und Strenge der japanischen Kochkultur. Und all dies in einer der atemberaubendsten Landschaften Südamerikas, die über eine reiche klimatische und geografische Vielfalt und alle nur erdenklichen Lebensmittel verfügt. Aus dem Aufeinandertreffen der japanischen und der peruanischen Gesellschaft entstand die sogenannte Nikkei-Küche [18]. Im Laufe der Zeit verschmolzen die traditionellen japanischen Techniken und Produkte mit dem Angebot der peruanischen Märkte oder wurden mit heimischen Produkten wie Gewürzen oder exotischen Früchten aus dem Regenwald versetzt. Ein Beispiel für die Nikkei-Küche ist das Tiradito. Wie beim Sashimi wird bei diesem Gericht roher Fisch in Scheiben geschnitten und in einer scharfen Soße serviert. Es unterscheidet sich von der Ceviche (einer typisch peruanischen Speise) in zweierlei Hinsicht: Beim Tiradito wird der Fisch in Scheiben geschnitten (bei Ceviche gewürfelt), und die Marinade wird unmittelbar vor dem Servieren angegossen (die Ceviche muss vor dem Servieren in der Marinade ziehen).

18 — Der Guru der heutigen Nikkei-Küche ist Mitsuharu Tsumura. Der gebürtige Peruaner japanischer Abstammung ist Küchenchef im Restaurant Maido in Lima, einem der renommiertesten Restaurants Lateinamerikas.

Die Texmex-Grenze

Mit rund 350 Millionen legalen Grenzübertritten jährlich ist die Grenze zwischen Mexiko und den Vereinigten Staaten die am häufigsten passierte. Und sie zählt zu den am strengsten bewachten. Auf einer Länge von 3200 Kilometern ist sie an einigen Stellen mit unterschiedlich hohen Barrieren versehen, um zu verhindern, dass Fahrzeuge und Menschen sie überwinden. Die Grenzbefestigung war eines der Wahlversprechen von Donald Trump. Für den französischen Künstler JR, der sich seit jeher mit dem Thema Einwanderung befasst, ist diese Mauer zu einer Kunst-Location geworden.

Er schuf eine überlebensgroße Installation, die das Gesicht eines Kindes, Kikito, zeigt, das von der mexikanischen Seite der Mauer auf die US-Grenze schaut. Und am 9. Oktober 2017, als die Installation stand, lancierte der Künstler, der sich als eine Mischung

→
Tomaten, Paprikaschoten, Zwiebeln und Chilis sorgen für den typischen Texmex-Geschmack.

aus Fotograf und Graffitikünstler versteht und sich deshalb gerne als »Photograffeur« bezeichnet, eine weitere Provokation: ein riesiges Picknick mit der Mauer im Zentrum, aufgebaut auf einem Tisch, den ein überdimensionales Augenpaar ziert, ein Auge auf der mexikanischen Seite der Grenze, das andere in Kalifornien. Auf beiden Seiten der Grenze nahmen Menschen an dem Tisch dieser Installation Platz, um bei dem auf Instagram vom Künstler als »Giant Picnic« betitelten Event zu speisen. »Der Tisch reicht über die Mauer hinaus und die Menschen essen dieselben Speisen, trinken dasselbe Wasser und hören dieselbe Musik. Als Salz, Wasser und Getränke hin- und hergereicht wurden, vergaßen wir einen Moment lang die Mauer, fast als wäre sie nicht vorhanden.«

Das Essen hat eine eigene Vorstellung von Raum und schert sich nicht um Grenzen. Eine der beliebtesten Fusionsküchen der Welt ist die sogenannte »Texmex-Küche«, deren Name von einer Eisenbahnlinie abgeleitet ist, die Texas und Mexiko verbindet und die Küchen des Südwestens der USA – Texas, Arizona, New Mexico, Nevada und Südkalifornien – mit der mexikanischen verknüpft. Abgesehen von der geografischen Grenze ist

↑
Die Installation *The Giant Picnic* des Künstlers JR.

Texmex von der Esskultur der Maya und Azteken, die Mais, Kakao, Tomaten, Chilischoten, Kartoffeln und Bohnen anbauten, und von den spanischen Eroberern beeinflusst, die aus Europa Obst, Gemüse, Käse und Weizenmehl mitbrachten. Eine Synthese aus Alter und Neuer Welt, basierend auf Tortillas, Tacos, Quesadillas und vor allem dem berühmten Chili con Carne, einem pikanten Rindereintopf mit Chilischoten, Tomaten und Bohnen, der vor allem durch Westernfilme bekannt wurde.

Alles in einem

Einwanderung sorgt für Vielfalt und Schmackhaftigkeit in unserer Lebensmittelkultur, das Essen knüpft an die Vergangenheit an, entschärft kulturelle Konflikte und stärkt die Zukunft. Ein Beispiel dafür ist die aus Reis, Philadelphia-Frischkäse und Avocado bestehende Philadelphia Roll, die in den sogenannten Asia-Restaurants (Lokale, die die Küche des gesamten Kontinents auf einer Speisekarte bündeln) angeboten wird. Doch damit nicht genug. In manchen Kebab-Läden – wie es auch in meinem Haus einen gibt – füllt

Nachdem ich so heftig gegen die Fusion-Küche gewettert hatte – nach sehr vielen sehr schlechten Erfahrungen in diesem Bereich –, lernte ich einige interessantere und virtuose Varianten kennen. [...]
So sehr ich auch die Slow-Food-Bewegung bewunderte und befürwortete und das Beharren auf bessere und saisonal erhältliche Zutaten, in all dem schwang ein Hauch von Dogmatismus mit, der sich meiner Meinung nach auf die eigentliche Mission, der sich jeder Koch verschrieben hat, nämlich seinen Gästen Genuss zu bereiten, kontraproduktiv auswirkte.
[...] Seither bin ich zu der Auffassung gekommen, dass jede übertriebene Philosophie oder Weltanschauung ein Feind des guten Essens ist.

Anthony Bourdain
Kleine Schweinereien — 2006

man das Fleisch nicht in eine Pita, sondern in ein Stück Pizza. Das Ganze heißt dann Pizza-Kebab, und ich finde es genial. Es handelt sich dabei um einen vor allem in der westlichen Welt verbreiteten Brauch, bei dem, ganz pragmatisch, zwei der beliebtesten, köstlichen und leicht zuzubereitenden Speisen – die Pizza und der Kebab – miteinander kombiniert werden. Wer in ein neues Land kommt, hat so nicht den ganzen Ballast der Tradition auf seinen Schultern, und anstatt zu fragen, warum, sagt er sich einfach, warum nicht? Warum kann ich nicht beides haben? Und tatsächlich singt Ghali, der in Italien als Sohn tunesischer Eltern geborene Rapper: *»Ich esse Pizza-Kebab / Ich weiß, das geht nicht / aber ich find's gut / ram pam.«* Pizza-Kebab ist also kein seltsames, abwegiges Gericht mehr, sondern ist – weil es gut und die Idee einfach genial ist – zu einem Essen geworden, das alle mögen und das so beliebt ist, dass es in Songs besungen wird.

Schlichtweg erfunden — vier kleine Geschichten

Die Welt ist ein Dorf. Und die Küche hat zu diesem Sprichwort eine Menge beizutragen, besagt es doch, dass wir überall, wo wir hinkommen, Dinge finden, die uns mit anderen Menschen verbinden.

Und wir werden sogar ermutigt, auch an weit entfernten Orten nach Gemeinsamkeiten oder Parallelen zu suchen. Manchmal wird auf diese Weise die Fantasie angeregt und Essen zu einem kreativen Material, mit dem sich Ideen umsetzen lassen, aus denen später bewährte Gerichte werden. Andererseits sind viele Gerichte, die als repräsentativ für die Küche eines bestimmten Ortes gelten, anderswo erfunden worden.

(1) Das **Chicken Tikka Masala** (in Joghurt und Gewürzen marinierte und anschließend im Tandur gegarte Hähnchenstücke) verbinden wir alle mit der indischen Küche, dabei hat es kaum etwas mit Indien zu tun. Das Gericht wurde nämlich in Großbritannien von Köchen aus Bangladesch kreiert, die in den 1960er-Jahren eingewandert waren. Und es ist im Vereinigten Königreich so beliebt, dass es als Nationalgericht gilt.

(2) Die **Vichyssoise** (eine meist kalt servierte Cremesuppe aus Lauch, Kartoffeln, Sahne und Hühnerbrühe) basiert auf einem »französischen« Rezept, das in New York kreiert wurde. Entwickelt wurde die Vichyssoise 1917 von Küchenchef Louis Diat, der auf Einladung von César Ritz nach New York kam, um die Amerikaner zur französischen Haute Cuisine zu bekehren (die Escoffier'sche, versteht sich). Da er eine neue Spezialität für das

Ritz-Carlton ersinnen sollte, dachte sich Diat, er könne dieser Aufgabe am besten mit der Kartoffel-Lauch-Suppe gerecht werden, die ihm seine Mutter täglich zum Mittagessen zubereitet hatte. Ihr zu Ehren nannte er sie – nach ihrer Heimatstadt Vichy – »Vichyssoise«.

(3) Die **Chinesischen Glückskekse** haben ganz und gar nichts Chinesisches. Erfunden wurden sie in San Francisco von Makoto Hagiwara, einem japanischen Einwanderer, der von Beruf Landschaftsgärtner war und den Japanischen Garten im Golden Gate Park gestaltet hat. Nach einigen beruflichen Schwierigkeiten entwickelte er im Jahr 1914 einen Keks, der einen Zettel mit einer Dankesbotschaft für diejenigen enthielt, die ihn unterstützt hatten. Er verteilte sie im Japanischen Garten und begann, sie dort regelmäßig anzubieten. Nach dem Zweiten Weltkrieg bürgerten sich die Glückskekse in chinesischen Restaurants ein. Desserts gehörten traditionell nicht zur amerikanisierten chinesischen Küche, und die Kekse waren für die Amerikaner etwas Vertrautes mit exotischer Note. Ursprünglich wurden sie einzeln von Hand verpackt, aber 1964 automatisierte Edward Louie von der Lotus Fortune Cookie Company in San Francisco das Verfahren: Er entwickelte eine Maschine, die den Teig faltete und den Papierstreifen mit den guten Wünschen hineinlegte. Heute verpackt der weltweit größte Hersteller von Glückskeksen, Wonton Food Inc. aus Long Island City in Queens, 60 Millionen Kekse pro Monat.

(4) Sie heißen zwar **French fries**, doch die Belgier schwören, dass sie sie erfunden haben und der Name nur einem Marketing-Coup entspringe (und Frankreichs unbestrittenem Talent zu kulinarischer Legendenbildung). In Belgien nämlich nennt man sie einfach *frites*. Bekannt und beliebt sind sie zwar überall auf der Welt, doch hier geht es, mehr als anderswo, um eine Frage von Patriotismus. Die Knollen der in Belgien und Nordfrankreich angebauten speziellen Kartoffelsorte Bintje werden in Stifte in drei verschiedenen Größen geschnitten. Diese müssen jedoch so dick sein, dass sie außen knusprig werden, innen aber weich bleiben. Das Besondere sind die zwei Frittiergänge – in Pflanzenöl oder Rinderfett, das den belgischen Pommes frites ihren unvergleichlichen Duft verleiht. Das Fett darf dabei nicht über 175 Grad Celsius erhitzt werden. Pommes frites sind in Belgien das Nationalgericht, das in den zahlreichen *fritkots* (Kiosken) in prall gefüllten Papiertüten mit einer Soße nach Wahl verkauft wird und wunderbar im Gehen verzehrt werden kann. Belgien ist auch der weltweit führende Exporteur tiefgekühlter Pommes frites.

Frankreich und Belgien streiten um die Urheberschaft der Pommes frites.

Doch wem der Titel des Erfinders dieses schmackhaften Snacks gebührt, darüber streiten Frankreich und Belgien erbittert in kulinarischen Kontroversen. Die Belgier berufen sich auf eine Handschrift von 1781, in der es heißt, die Pommes frites seien im Jahr 1600 in der wallonischen Hauptstadt Namur erfunden worden. In diesem Jahr war die Maas zugefroren, und die Einwohner, die sich normalerweise von gebratenem Fisch ernährten, waren gezwungen, das einzige verfügbare Nahrungsmittel zu braten: Kartoffeln. Daher ist im Saaihalle, einem der ältesten Gebäude Brügges, das früher einmal ein Gildehaus genuesischer Kaufleute war, heute ein Pommes-frites-Museum (Frietmuseum) untergebracht. Der französischen Version der Geschichte zufolge wurden die ersten *frites* 1789, kurz vor der Revolution, in Paris auf dem Pont Neuf zubereitet. Heute sind Pommes frites in ihren verschiedenen Formen (einschließlich der industriell gefertigten dünnen, runden frittierten Kartoffelscheiben, die in Tüten als *Chips* verkauft werden und in den USA erfunden wurden) überall auf der Welt Teil der Ernährung und erfreuen sich nach wie vor größter Beliebtheit.

Make Hummus not War

Das Essen ist Ausdruck unserer Identität und befördert, wie bereits erwähnt, den Nationalismus. Allzu oft jedoch wird der Mythos vom Ursprung überbewertet, und wir machen es uns selbst unnötig schwer, wenn wir fragen, wo und wie ein Gericht entstanden, wann ein Lebensmittel erstmals aufgetaucht ist. Meist hat ein derartiges Gerangel kommerzielle Gründe, und es geht um den Vorrang beim wirtschaftlichen Profit. Man denke nur an den Streit zwischen Chile und Peru über den Ursprung des Kartoffelanbaus oder den zwischen Slowenien und Österreich über die Urheberschaft der Krainer Wurst.

Essen verursacht Konflikte, aber die Fakten sprechen für sich. Teilen zwei Nationen in ihren kulinarischen Traditionen ein Gericht oder die Freude am Genuss derselben Speise, bedeutet dies, dass sie einen gemeinsamen Traum haben. Denn schließlich geht es um grenzüberschreitende Geschichten von Geschmack, die sich nicht um Schlagbäume, Zölle und Pässe scheren. Hier sprechen die Fakten – oder besser, die Speisen – für sich. Und sie verschieben die Grenze sogar ein kleines bisschen. Das beste Beispiel dafür ist das Hummus, eine Speise, die in den Ländern, wo es verzehrt wird, die Gemüter erhitzt.

Die traditionsreiche, im gesamten Nahen Osten verbreitete Speise basiert auf Kichererbsen, Sesampaste (Tahin) und einigen anderen Zutaten wie Zitrone und Gewürzen. Das bräunliche Püree von eher geschmeidiger Konsistenz ist recht einfach zuzubereiten und schmeckt normalerweise jedem. Die Unterschiede zeigen sich vor allem in der Art, wie es serviert wird – meist in kleinen Schalen, in der Mitte garniert mit einem Klecks Oliven- oder Haselnussöl, ganzen Kichererbsen oder Pinienkernen, Pickles oder Gewürzkräutern. Und dazu gibt es Pita zum Dippen, Falafel oder Pommes frites.

In Jerusalem habe ich in einem kleinen Restaurant mit Top-Bewertungen an der Via Dolorosa, in dem ausschließlich Hummus angeboten wird (angeblich das beste der Stadt), Linas Hummus probiert, das mit gerösteten Pinienkernen und Olivenöl serviert wird. Einfach köstlich! Das Lokal ist zwar klein und ungemütlich, aber alle, Touristen wie Einheimische, drängen sich hinein, um ohne großes Getue einen schnellen, leckeren Snack zu bekommen.

Heute ist Hummus auch ein Trendfood, wird industriell hergestellt und als Fertiggericht überall auf der Welt mit nicht unerheblichem Umsatz verkauft. Trotz seines angenehmen, schmeichelnden Geschmacks (es ist schlicht eine Gaumenfreude, und bei

↑
Streetart in Bethlehem:
Hummus als Friedenssymbol.

der Zubereitung kann eigentlich nichts schiefgehen, man muss es also einfach mögen) und seines sanften, harmlosen Aussehens (neutrales Uni, unscheinbare Konsistenz – es spielt keine Rolle, ob man es als glattes oder grobes Püree zubereitet), ist es eine Speise, die heftige Kontroversen um die Urheberschaft, das Originalrezept und den Anspruch auf die beste Version auslöst. Hummus ist eine regionale Metapher, denn obwohl es auf der ganzen Welt beliebt ist, ist es in einer ohnehin von Spaltungen geprägten Region ein weiterer Grund für Spannungen. Wer aber hat das Gericht nun erfunden? Wer kann es für sich reklamieren?

Von den Libanesen bis zu den Türken, Syrern, Palästinensern und Israelis, alle haben versucht, seinen Ursprung zurückzuverfolgen, und alle haben Argumente für den eigenen Primat vorgebracht. Allerdings gibt es kaum Beweise, die irgendeine Theorie stützen. Den Großteil der Zutaten gibt es schon seit Jahrhunderten. Kichererbsen gehören zu den ersten Hülsenfrüchten, die der Mensch anbaute. Sesampaste (Tahin) wurde schon im 13. Jahrhundert in arabischen Kochbüchern erwähnt.

Hummus ist eine jüdische Speise – heißt es in Israel –, die im Tanach, der Heiligen Schrift des Judentums, erwähnt wird. Es handele sich um eine Speise urbaner Prägung, die am Königshof von Damaskus erfunden wurde, sagen die Syrer. Es stamme aus Beirut, behaupten die Libanesen.

Und so weiter … Tatsache ist, dass es keinen Zweck hat, in alten Kochbüchern zu stöbern oder die kulinarische Archäologie zu bemühen. Man kommt der Sache nicht auf den Grund!

2008 reichte der Präsident des libanesischen Industrieverbands wegen Urheberrechtsverletzung bei Lebensmitteln Klage gegen Israel ein, da einige israelische Unternehmen Hummus als Fertigprodukt in westlichen Läden mit der Aufschrift »Israelische Küche« vermarkteten. Die libanesische Regierung hat zudem bei der Europäischen Union eine Petition eingereicht, um das Hummus als ausschließlich libanesisches Lebensmittel klassifizieren zu lassen. Israel begann daraufhin, an Touristenkiosken im ganzen Land Postkarten zu verkaufen, auf denen das Hummus als *»Israel's National Snack«* bezeichnet wird. Die Anstrengungen beider Seiten waren jedoch erfolglos. Vielmehr begann damit das, was gemeinhin als »Hummuskrieg« bezeichnet wird, ein Kampf um seine Geschichte, der mit nationaler Ehre, Legenden und religiösem Glauben zu tun hat. 2009 beschloss der libanesische Tourismusminister Fadi Abboud, dass das Problem nur mit einer riesigen Hummusportion und mit einem Eintrag ins *Guinness-Buch der Rekorde* ein für alle Mal zu lösen sei. Das Rekordziel wurde mit einem Hummus erreicht, das etwa 2000 kg wog. Im israelischen Abu Ghosh reagierte man daraufhin mit der Zubereitung von 4000 kg Hummus, das in einer Parabolschüssel von 6,5 Metern Durchmesser serviert wurde. Im Mai 2010 holten 300 libanesische Köche im Dorf Al-Fanar östlich von Beirut zum Gegenschlag aus und verarbeiteten für ihr Hummus der Superlative acht Tonnen gekochte Kichererbsen, zwei Tonnen Tahin, zwei Tonnen Zitronensaft und 70 Liter Olivenöl zu insgesamt 10 452 kg Mus – eine Zahl, die der Fläche des Libanon in Quadratkilometern entspricht. Ein bis heute unangefochtener Rekord!

Zur Wahrheit gehört allerdings auch, dass Hummus eine Speise ist, die von Arabern, Juden und Christen im Nahen Osten gleichermaßen geliebt wird. Wenn Sie in dieser Region ein gutes Hummus-Restaurant aufsuchen, werden Sie feststellen, dass Juden und Muslime, Palästinenser und Israelis gemeinsam am Tisch sitzen und das Gleiche essen.

Und auch dieser »Konkurrenzkampf« zeigt letztendlich, dass es im Nahen Osten mehr Gemeinsames als Trennendes gibt.

Hummus ist eine orientalische Speise, die alle für sich beanspruchen, die aber niemandem gehört. Und so könnte aus einer konfliktbeladenen eine friedensstiftende Speise werden. Für seinen 2012 gedrehten Dokumentarfilm *Make Hummus Not War* besuchte der australische Filmemacher Trevor Graham Hummus-Lokale und Küchen in Beirut, Tel Aviv, Jerusalem und New York und traf Eiferer, jüdische Siedler, politische Aktivisten, Schriftsteller und Scheichs, für die Hummus fast so etwas wie eine religiöse Obsession ist. Sind Menschen, die das gleiche Essen mögen, dazu bestimmt, das gleiche Schicksal zu teilen? Graham setzt sich mit einer außergewöhnlichen Idee auseinander: Könnte Hummus die lang ersehnte Lösung für den Frieden im Nahen Osten sein? Das Graffito MAKE HUMMUS NOT WALLS setzt ebenfalls auf Ironie und Friedensbotschaften. Es wurde auf die Mauer in der Nähe von Bethlehem gesprüht, die Israel ab 2002 als Trennwall im Westjordanland errichtete. Eine mehr als 500 Kilometer lange künstliche Grenze, die trennt und spaltet.

↓ **HUMMUS – IM GANZEN NAHEN OSTEN BELIEBT:** Der Nahe Osten ist vermutlich die Weltregion, die am meisten von Spaltungen, von religiösen und politischen Spannungen geprägt ist. Nur eines hält sie zusammen: Hummus, ein Püree aus Kichererbsen.

Eine der köstlichsten Hummus-Varianten, die ich je gegessen habe, stammt von Maksut Aşkar, dem Küchenchef des Istanbuler Restaurants Neolokal. Aşkar hat es sich zur Aufgabe gemacht, die Gerichte der türkischen und osmanischen Küche neu zu interpretieren und ikonischen Speisen einen modernen Anstrich zu geben. So durfte sein fantasievoll interpretiertes Hummus auf der Speisekarte einfach nicht fehlen. Hummus verändert seinen Geschmack ständig, es wird gerührt und noch einmal durchgemischt, bis es die gewünschte Konsistenz und den gewünschten Geschmack hat. Mit seiner Rezeptur möchte der Küchenchef die Üppigkeit und Farbenpracht Mesopotamiens, einer wahren Schatzkiste an Gewürzen, Düften und Farben, vor Augen führen. Sein Hummus wird fast zu einem Kunstwerk, in dem das Kichererbsenmus als farbenfrohe Palette daherkommt, die je nach Gewürzen und Kräutern unterschiedlich abgestuft ist und die zu einer ganz angstfreien Reise der Begegnungen und völlig neuen Geschmacksfacetten einlädt.

↑

Hummus wird traditionell in Schälchen mit ungesäuertem Brot oder Pita serviert.

HUMMUS — IM GANZEN NAHEN OSTEN BELIEBT

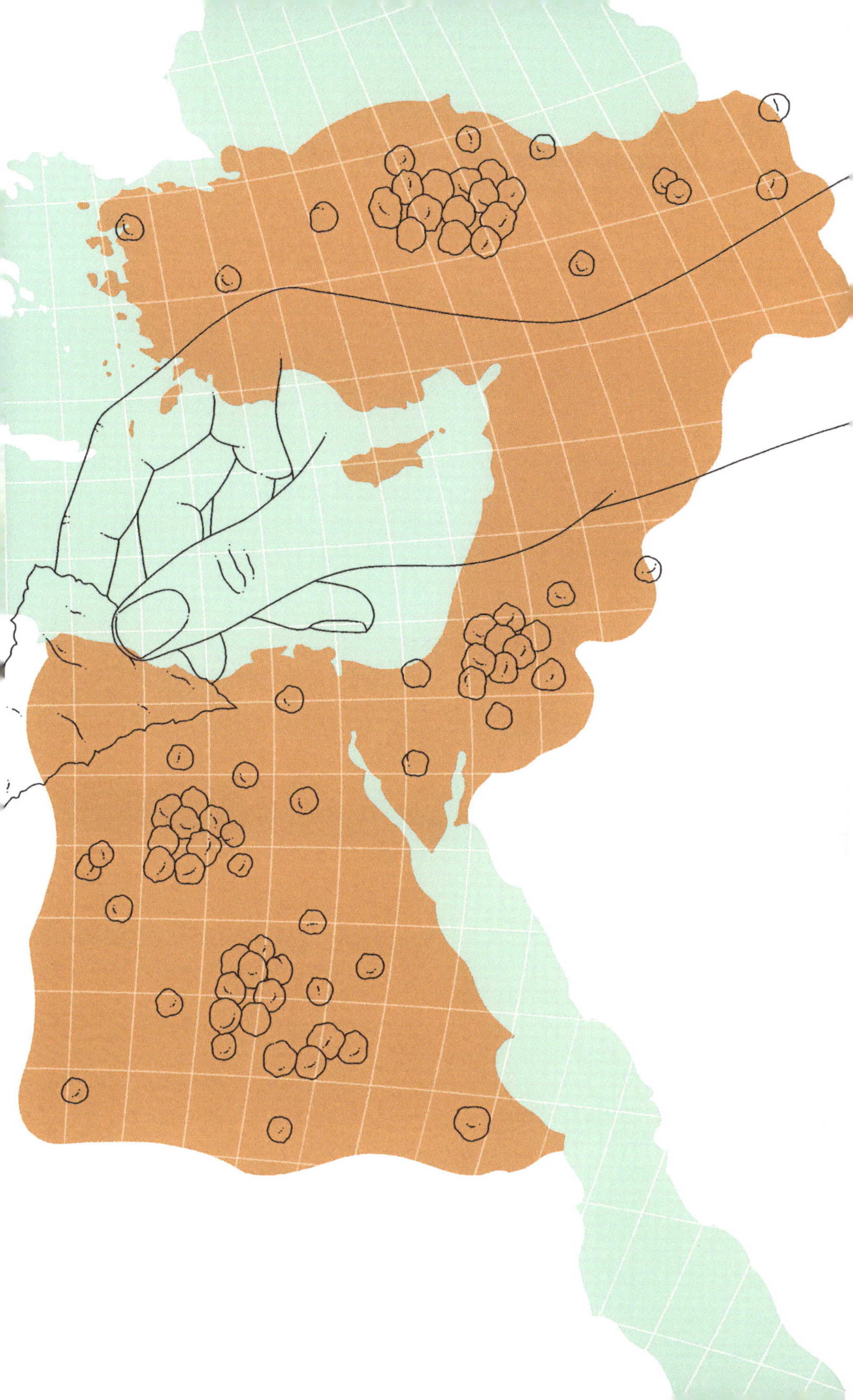

Der Cyberspace und der bizarre Fall der Spaghetti Bolognese

Es scheint so, als würde man eher die Sprache seines Herkunftslandes aufgeben, als seine Ernährung zu verändern. Das ist auch der Grund, warum das Essen von Einwanderern in ihren Gastländern überlebt und sogar auf fruchtbaren Boden fällt, um zu einem neuen Leben und einer neuen Identität zu finden. Es besteht eine Art Liebesbeziehung zwischen bestimmten Gerichten und denjenigen, die sie an einen anderen Ort überführen, fungieren sie doch als wertvolle Mitgift oder kostbare Ressource. Ähnlich wie große Entfernungen führt auch übermäßige Liebe bisweilen dazu, dass Erinnerungen verschwimmen und wir die Realität zu positiv, wie durch eine rosarote Brille sehen. So entstehen Speisen, die so beliebt sind und so oft nachgeahmt werden, dass sie, vom Ort losgelöst oder völlig grundlos mit ihm verknüpft, zu eigenständigen Gerichten, also zu echten *Fake-Gerichten* werden.

Die einzige Stadt der Welt, in der man keine Spaghetti Bolognese essen kann, ist Bologna. Selbst wenn man die Speisekarten aller Trattorien, Osterien oder Restaurants mit typischer Küche durchblätterte, man fände sie nicht. Sie zu bestellen wäre auch nicht ratsam, denn für bolognesische Köche käme das einer Beleidigung gleich. Wenn es stimmt, dass Traditionen aus erfolgreichen Innovationen resultieren, dann ist die Geschichte der Spaghetti alla Bolognese wahrlich amüsant. Sind sie doch, obwohl sie auf einer Erfindung beruhen, außerhalb Italiens zum Symbol einer Stadt und einer ganzen Küche (der italoamerikanischen) geworden. Die Spaghetti alla Bolognese, also Spaghetti mit Fleischsoße, sind vermutlich entstanden, weil irgendjemand Sehnsucht nach den *tagliatelle al ragù* hatte – neben den berühmten Tortellini eine echte Ikone der bolognesischen Küche –, fern von Italien aber keine Eierbandnudeln bekommen konnte. Und da er weder Lust noch Zeit hatte und auch nicht in der Lage war, sie selbst zuzubereiten, ersetzte er sie einfach durch getrocknete Nudeln, eben Spaghetti, die er mit Fleischsoße anrichtete. Auch in der Variante *»with meatballs«*, also mit Hackbällchen, sind sie sehr bekannt und inzwischen in der italoamerikanischen Küche legendär.

Das Problem ist nur, dass es nirgends in Bologna auch nur den geringsten Anhaltspunkt für ein derartiges Spaghettigericht gibt – vielmehr war es früher, vor allem in der Fastenzeit, sehr beliebt, Spaghetti mit Thunfisch zuzubereiten, und es gibt Bologneser, für die die »echten« Spaghetti alla Bolognese tatsächlich existieren, und zwar mit Fisch.

↑
#foodporn ist ein beliebter Instagram-Hashtag, unter dem Gerichte gepostet werden, die man allerdings nur mit den Augen verschlingen kann.

↑
Fehlen auf den Speisekarten touristischer Restaurants nie: Spaghetti alla Bolognese.

Sogar die Universität in Person von Valentina Erminia Albanese, die als Professorin zum Thema der Kommunikations- und Tourismusgeografie forscht, nahm sich der Angelegenheit an. Sie untersuchte den Fall der Spaghetti Bolognese im Cyberspace.

An dieser Stelle bedarf es eines kleinen Exkurses. Forschungsgegenstand der Geografie ist von jeher die Beziehung zwischen Territorium und Mensch und die Veränderung des Raums innerhalb dieser Beziehung. Die moderne Geografie ist auch gegenüber neuen Forschungsgegenständen wie dem Cyberspace aufgeschlossen, ein Raum, der heutzutage auf keinen Fall vernachlässigt werden darf, verbringen wir doch einen Großteil unserer Zeit virtuell. Vor diesem Hintergrund entwickelte sich auch das Konzept vom »Ort der Gegenwart«, ein Ort, der zwischen der Welt und dem Individuum angesiedelt ist, also zwischen der physisch-pragmatischen Dimension und der menschlicher Leidenschaften und Emotionen. In sozialen Netzwerken zum Beispiel lassen ortsgebundene Online-Narrative die Grenzen verblassen. Der Ort, der Gegenstand des Narrativs ist, entfernt sich von seiner tatsächlichen Position, geht über die traditionell von der jeweiligen Kultur gesetzten Grenzen hinaus und erweitert die bekannte Welt um neue Räume. Kurz: Die territoriale Vorstellung wird verzerrt.

Doch kommen wir zurück zu Professorin Albanese und den Spaghetti. Um herauszufinden, wie sich die Wahrnehmung von Essen mit wachsender Entfernung vom Ursprungsort verändert, untersuchte sie in ihrer Forschungsarbeit Meinungsbeiträge in den sozialen Netzwerken. Sie durchforstete das Internet, analysierte insbesondere Mikronarrative auf Instagram und folgte dem Hashtag #spaghettibolognese, um zu begreifen, welche geografische Dimension dieser gastronomische Mythos hat und wie er sich auf die Vorstellungen von Bologna-Besuchern auswirkt.

Die Analyse der Posts ergab, dass die Spaghetti alla Bolognese ein in der übrigen Welt sehr verbreitetes Gericht sind, das auch im Cyberspace überaus beliebt ist (während meiner Arbeit an diesem Buch habe ich 148 000 Beiträge gezählt, in denen sie erwähnt werden). Mit zunehmender räumlicher Entfernung von Bologna allerdings unterscheiden sich die geposteten Gerichte immer mehr von dem, was mit Bologna verbunden werden kann – Spaghetti werden durch *noodles*, Reisspaghetti und Fadennudeln ersetzt, und die Soße besteht oft aus einer Mischung unterschiedlichster Zutaten. Mithilfe des Geotaggings wurde deutlich, dass der Hashtag #spaghettibolognese von Nutzern aus Deutschland, Großbritannien, Indonesien oder Malaysia stammt. Italiener waren nicht darunter. Die Schlussfolgerung liegt auf der Hand: Das Essen bevölkert den Raum der Sehnsucht, der Kreativität, den Cyberspace, also alle Orte, die sich schwer durch Grenzen definieren lassen.

Offene Küchen

Nachdem sie 18 Länder bereist und monatelang jeden Tag mit Dutzenden Männern und Frauen in verschiedenen Städten gegessen hatten, war den beiden Pariser Food-Reportern Marine Mandrila und Louis Martin bewusst geworden, in welchem Maße das Essen Menschen, die sich nicht oder kaum kennen, miteinander verbindet. Essen ist etwas Universelles, zugleich aber auch Persönliches. Es ist eng verbunden mit dem, was wir sind und woher wir kommen. Gleichzeitig aber ist es ein globales Gut, und deshalb verbindet es Menschen in aller Welt.

Als die beiden 2015 nach Frankreich zurückkehrten, hatte die in den Medien so genannte »Flüchtlingskrise« ihr Land fest im Griff. Allerdings macht uns das Wort

Flüchtlinge vergessen, dass es sich um Menschen handelt, die nicht nur einen Namen haben, sondern eine Geschichte, eine Kultur, einen Beruf und ganz spezielle, individuelle Talente. Daher beschlossen Mandrila und Martin, sich persönlich für die Flüchtlinge einzusetzen, und stellten dabei das Essen in den Mittelpunkt. Denn im Grunde ist das Essen – im Sinne von Gerichten, Erinnerungen und Aromen – das Erste, was man mitnimmt, wenn man auswandert –, ein immaterielles Gut, das überallhin mitreist. So entstand die ebenso simple wie wirkungsvolle Idee der professionellen Zusammenarbeit zwischen Pariser Restaurants und geflüchteten Köchen. Pariser Küchenchefs sollten ihre Kollegen, die als Flüchtlinge nach Frankreich gekommen waren, treffen und in ihren Küchen willkommen heißen. Mandrila und Martin haben sich also die Bedeutung der Küche zunutze gemacht und die französische Kochszene als Bühne genutzt, um ihre Mitbürger über ihre Geschmacksknospen für das Thema zu sensibilisieren.

So kam es 2016 zur ersten Ausgabe des Refugee Food Festival, das zum Ziel hatte, die Aufnahme und Integration der Flüchtlinge zu verbessern. Seither findet es jedes Jahr im Juni an verschiedenen Orten auf der Welt statt und fördert neue Partnerschaften zwischen Gastronomen und geflüchteten Köchen. Denn sie werden in der Festivalwoche in die Küchenbrigaden integriert und stellen, inspiriert von ihrem Herkunftsland, ein spezielles Menü zusammen. Auf diese Weise kommen sie mit einem Arbeitsumfeld in Berührung, das für sie eine Zukunftschance bedeuten kann. Dank der universellen Macht des Essens hat das Festival dazu beigetragen, dass Flüchtlinge anders wahrgenommen und schneller beruflich integriert werden. Und die Restaurantbesucher lernen die Küchen von Ländern kennen, die sie als Touristen eher selten bereisen. Einer der geflüchteten Köche ist der aus Damaskus stammende Mohammad Elkhaldy. Er ist seit der ersten Ausgabe des Refugee Food Festivals dabei, das in der Küche des Clamato, dem Restaurant von Bertrand Grébaut, einem der begnadetsten Pariser Köche, stattfand. Als Mohammad damals Grébauts Küche betrat, hatte er ein Kästchen mit Gewürzen dabei, und, so erzählen es Mandrila und Martin, dann geschah etwas Magisches: Die beiden Köche begannen gemeinsam zu arbeiten, zu experimentieren, zu probieren und Rezepte auszutauschen. Heute hat Mohammad einen eigenen Catering-Service in Paris und arbeitet für große Firmen und Institutionen.

→
Viele Flüchtlinge, die heute in Küchen beschäftigt sind, haben ihren Arbeitsplatz durch das Refugee Food Festival gefunden.

Das Refugee Food Festival stieß von Anfang an auf großes Interesse, und das UN-Flüchtlingshilfswerk in Paris sicherte umgehend seine Unterstützung zu. Im zweiten Schritt ging es darum, andere Städte in die Lage zu versetzen und dafür zu gewinnen, das Festival selbst auszurichten und das Projektmanagement zu verbessern. So fand das Refugee Food Festival 2017 in elf europäischen Städten statt, und 2018 wurde das Projekt auf Städte außerhalb Europas wie New York, San Francisco und Kapstadt ausgedehnt. 2019 haben mehr als 200 Restaurantküchen Flüchtlingsköche aufgenommen.

TEIL 03

RITUALE UND VORLIEBEN

In vielen afrikanischen Staaten, Mali beispielsweise, vertraut man sich nur den Menschen an, mit denen man eine Mahlzeit geteilt hat. In der asiatischen Kultur ist der Esstisch rund, was Unterhaltungen leichter macht. Oft ist er mit einem Mechanismus ausgestattet, durch den sich der mittlere Teil dreht, sodass sich die Gäste am Tisch selbst bedienen können. In Kasachstan füllt man die Teetasse nur zur Hälfte, damit man sie öfter nachfüllen muss und der Gast sich länger aufhält. Kurzum, Plutarch hatte recht, als er sagte: »Wir kommen nicht zusammen, um zu essen und zu trinken, sondern um in Gemeinschaft zu essen und zu trinken.« Es ist leichter, mit jemandem aus einem anderen Kulturkreis zu essen, als seine Sprache zu verstehen, auch

deshalb gilt die Küche als grundlegendes Instrument zur Verschmelzung von Sitten und Gebräuchen.
Wer zum Thema Essen schreibt oder sich aus kultureller oder ethnologischer Sicht damit befasst, lehnt häufig die Vorstellung der Universalität ab und konzentriert sich lieber auf den Unterschied, auf die Einmaligkeit und Einzigartigkeit der einzelnen Erzeugnisse. Offensichtlich sind dies kluge Reaktionen auf die Globalisierung und die »McDonaldisierung« (wie sie von vielen Autoren bezeichnet wird) der Ernährungsgewohnheiten. Unterschiede und Einzigartigkeit müssen verteidigt werden, auch, und warum eigentlich nicht, aus kommerziellen

Gründen, durch die Betonung des Konzepts von Terroir und regionaler Erzeugung. Andererseits könnte die Besessenheit, mit der zuweilen der Ursprung eines Lebensmittels nachverfolgt wird, das Risiko bergen, bestimmte Aspekte des Essens einer Muscalisierung zu unterwerfen, die jedoch ihre Besonderheit gerade aus der Tendenz zur Entwicklung, zur Veränderung ziehen: Essen ist nichts Starres, es wandelt sich, überträgt sich, entwickelt sich weiter.

Tradition ist ein provisorischer Zustand. Vor allem deshalb, weil Essen außer seiner materiellen und produktiven Dimension auch eine immaterielle, gefühlsgeprägte und rituelle besitzt.

Das Essen folgt verborgenen, alternativen Geografien, und dies sind die Geografien der Empfindungen, die es auslöst. Es knüpft an Vorstellungen, Erinnerungen, Visionen, Glaubensvorstellungen, Erfahrungen, Launen und Sorgen an.
Und als dieses Konglomerat von Gefühlen erzeugt es einen Spannungsbogen zwischen Essen als kollektiver und Essen als persönlicher Angelegenheit, der sich über alle Grenzen hinwegsetzen kann – seien sie real oder imaginär.

FASTEN

VOLLE TELLER, LEERE TELLER

Abgesehen von Tod, Steuern und – wie ich in Anlehnung an das berühmte Motto des englischen Komödiendichters Christopher Bullock hinzufügen möchte – Essen, kann man sich im Leben keiner Sache wirklich sicher sein. Essen ist für jeden von uns Teil des täglichen Lebens – genau wie Atmen, Sprechen, Gehen, Weinen oder Lachen. Der Mensch muss essen, um zu überleben.

Nun ist es so, dass die Entscheidung darüber, was man nicht isst, sich als komplex und interessant gestaltet, ebenso wie das Gegenteil davon. Auf Essen zu verzichten, ob freiwillig oder nicht, hängt von zahlreichen Faktoren ab, die zu suchen sind in der Geschichte oder der aktuellen Mode, in der Tradition, gesundheitlichen Vorgaben oder dem Knigge, der Religion oder dem eigenen Lebensrhythmus. Fest steht, dass die Entscheidung zwischen dem, was man isst, und dem, was nicht, kulturell geprägt ist, und auch diese Prägung trägt wiederum dazu bei, die Welt einzuteilen und ungewöhnliche geografische Karten zu erstellen.

Theoretisch sind wir alle Allesfresser

Im Frühjahr 2019 sahen sich die Zollbeamten am internationalen Flughafen von Los Angeles mit einer außergewöhnlichen Situation konfrontiert. Während einer Routinekontrolle waren sie auf ein Gepäckstück mit 40 Piranhas gestoßen, allesamt eingefroren und vakuumverpackt. Man kann sich vorstellen, dass ihnen so etwas bis dahin nie untergekommen war, und so waren sie ziemlich verunsichert, wie damit umzugehen war. Das fragliche Gepäckstück gehörte dem peruanischen Koch Virgilio Martínez. Bei seiner langen Befragung erzählte Martínez – einer der bekanntesten Köche Südamerikas und Inhaber berühmter Restaurants wie dem Central in Lima, das unter den besten der Welt gelistet ist –, dass die Piranhas für Gäste eines Abendessens im Rahmen eines kulinarischen Festivals in der Stadt vorgesehen waren. Martínez ist es gewohnt, als Vertreter Perus und dessen Küche durch die Welt zu reisen. Regelmäßig nimmt er an Kongressen und Veranstaltungen teil und engagiert sich dafür, peruanische Gerichte in all ihrer Biodiversität neu zu entdecken, sie aufzuwerten und bekannt zu machen. Parallel zu seinen Restaurants hat er Mater Iniciativa gegründet, ein Forschungsprojekt mit dem Ziel, die unerschöpfliche Vielfalt der Zutaten, die sein Land bereithält, aufzuspüren, zu katalogisieren und zu lernen, sie zuzubereiten. Einschließlich der Piranhas eben. Im Central serviert Martínez ein »Altitude Menu«, in dem Gerichte serviert werden, deren Zutaten aus Regionen kommen, die sich von 25 Metern unter dem Meeresspiegel bis über die 4000 Höhenmeter der Anden erstrecken. Das Spektrum reicht von der Entenmuschel (eine kleine Schalentierart mit bizarrem Aussehen) bis zu Kakao, vom Kaktus bis zum *tamarillo* (auch Baumtomate genannt) und vielen anderen essbaren Dingen, die es noch zu entdecken gilt. Dass die

↑
Piranhas sind eine häufige Zutat in der peruanischen Küche.

peruanische Küche heute so beliebt, bekannt und begehrt ist, ist auch sein Verdienst. An jenem Tag aber, am Flughafen von Los Angeles, war er eben einfach ein Passagier, der 40 tiefgefrorene Fische mit bedrohlich wirkenden Zähnen transportierte.

Nach einer fünfstündigen Befragung und unzähligen Erklärungen hatte der Koch endlich eine Eingebung: Er zeigte den Polizisten sein gerade erst bei einem internationalen Verlag erschienenes Buch mit dem genauen Rezept für die Zubereitung der Piranhas. Man ließ Martínez endlich gehen, und noch am selben Abend bereitete er Piranha-Fleisch in Salat zu.

Die aus dem Amazonasbecken stammenden Piranhas werden in Peru, Brasilien und im Nordosten Südamerikas häufig gegessen. Im Rest der Welt sind sie wegen ihrer scharfen Zähne vor allem gefürchtete Protagonisten von Horrorfilmen, hässlich und wenig appetitlich. Und doch. Der Mensch wird geboren als Omnivore, als Allesfresser, kann sich also von allem ernähren. Allerdings neigen wir aus kulturellen, gesellschaftlichen, gesundheitlichen, physiologischen, geografischen oder geschmacklichen Gründen dazu, uns auf eine eher limitierte Ernährungsform zu beschränken. Bezeichnet wird dies als das Paradoxon des Allesfressers.

Ist es nicht so, dass wir beim Öffnen des Kühlschranks, noch bevor das erste Licht durch den Türschlitz fällt, mehr oder weniger genau wissen, was wir darin finden werden? Würden wir gefragt, könnten wir wahrscheinlich sogar genau sagen, wo die Dinge stehen. Man muss sich nur einmal die wöchentliche Einkaufsliste ansehen, auf die man (mit einem besseren Gedächtnis) eigentlich verzichten könnte, denn im Grunde kauft man doch immer die gleichen Dinge, sogar von denselben Marken. In Fragen der täglichen Ernährung sind oft auch die kreativsten Menschen ziemlich eingefahren, selbst wenn sie sich gern auf kulinarische Experimente einlassen. Dies ist ein kultureller Aspekt, ein Lebensstil, der natürlich auch die Lebensmittel mit einbezieht, schlichtweg weil sie in den verschiedenen Breitengraden leichter verfügbar, einfacher zuzubereiten oder billiger sind oder weil sie einem einfach besser schmecken.

Wer allerdings meinen Beruf ausübt, muss seinen Gaumen (und seinen Kopf) dahingehend trainieren, den kulturellen Überbau hinter sich zu lassen und die eigenen »geschmacklichen Routinen« so weit wie möglich zu erweitern. Man muss sich praktisch einer größeren Zahl kulinarischer Erlebnisse aussetzen, um das persönliche Sinnesspektrum zu vergrößern, man muss vergleichen, forschen, wagen ... Ich muss meinem Gaumen beibringen, jedes Gericht zu kosten – und meinem Magen, es schnell zu verdauen, um unbefangen zur nächsten Mahlzeit überzugehen. Oft kann ich im Restaurant nicht das essen, was ich möchte, sondern muss das seltsamste Gericht bestellen, das am interessantesten klingende, denn wahrscheinlich bietet genau dies mir Ideen für die bessere Geschichte. Steht auf der Speisekarte eine Terrine aus Schweinsohren, dann wird die bestellt. Wird ein Gericht mit Ameisen garniert serviert, sage ich mir, warum nicht einfach probieren. Ameisen habe ich zum ersten Mal in Mexiko-Stadt gegessen, im Restaurant Pujol von Enrique Olvera, dem berühmtesten und gefeiertsten Koch Mexikos. Olvera weiß die traditionelle mexikanische Küche auf eine neue Art zu präsentieren, die gleichzeitig in der Geschichte und im Territorium verwurzelt und dennoch in ihrem modernen Ansatz vorausschauend ist. Auf diese Weise hat er vielen mexikanischen Kollegen den Weg bereitet und eine neue Art des Kochens definiert, die heute viele Anhänger und Nachahmer hat. [19]

Eines seiner charakteristischsten und bekanntesten Gerichte ist Geräucherter Maiskolben mit Ameisenmayonnaise, Kaffee und Costeño-Chili. Die Ameisen für die Mayonnaise werden zunächst in einer Pfanne geröstet und nach dem Abkühlen gemahlen. Ameisen liegen geschmacklich zwischen metallisch und zitronig. Feststellen konnte ich dies, als ich einmal eine, ebenfalls in einem angesagten Restaurant, im Ganzen gegessen habe. In einem anderen angesagten Kontext habe ich Kekse aus Grillenmehl sowie Heuschreckenchips gekostet: Ich war auf dem Salone del Mobile in Mailand, einer Stadt, wo man traditionell dem Risotto den Vorzug vor Ameisen gibt, aber damals, etwa 2010, war es die trendigste Sache, Insekten und Ameisen zu essen (und dies in den sozialen Netzwerken zu teilen).

In Mexiko werden Ameisen während der Regenzeit gesammelt, insbesondere in den Bundesstaaten Oaxaca und Veracruz. Um sie länger aufbewahren zu können, werden sie geputzt und eingefroren. Chefkoch Olvera zerkleinert sie fein und mixt sie unter eine pikante Mayonnaise. Absolut köstlich! Wie gesagt habe ich auch schon woanders Ameisen gegessen, vor allem in Europa, denn in der feinen avantgardistischen Küche waren Ameisen und andere Insekten in der Küche schon seit einiger Zeit gang und gäbe, um der Welt zu zeigen, dass eine alternative Ernährung (bei weniger Umweltschäden) nicht nur gut schmeckt, sondern sich auch glamourös geben kann. Mode und Innovationen brechen, vor allem in der Haute Cuisine, die Regeln und werfen bestimmte kulturelle Vorlieben durcheinander. Es gibt eine Geografie der Restaurants mit ganz eigenen Regeln und Breitengraden.

Abgesehen von individuellen Abweichungen sind unsere Gaumen so ausgelegt, dass sie zwischen süßen und bitteren, sauren oder salzigen Empfindungen unterscheiden und typische Geschmacksrichtungen erkennen können. Aber unsere geschmacklichen Vorlieben entspringen auch persönlichen Neigungen, die sich kulturell bedingt für bestimmte Gerichte oder Zutaten ausgeprägt haben, sowie unserem gesellschaftlichen Verlangen, Konsumgewohnheiten anzupassen, um uns von der besten Seite zu zeigen. Bestimmten Speisen den Vorzug vor anderen zu geben hat seit jeher immer schon dazu beigetragen, sich gesellschaftlich abzugrenzen: Auf den Tafeln der Aristokraten war die Zurschaustellung von Essen ein Synonym für Reichtum, bestimmte exotische Gewürze und Zutaten aus fernen Ländern zu verwenden stellte ein Statussymbol dar. Das Omnivoren-Dilemma, wie Michael Pollan es nennt, begleitet den Menschen seit jeher. Festzulegen, was man isst und was man meidet, war noch nie eine einfache Entscheidung. Anfangs ging es darum, was essbar ist und was potenziell tödlich sein könnte. Heute liegen die Zweifel zum Teil anders, zum Teil sind es aber auch dieselben: Heute werfen nicht mehr die Beeren eines unbekannten Buschs Fragen über ihre Schädlichkeit auf, sondern vielmehr die industriell verarbeiteten, sich auf Supermarktregalen auftürmenden und mit unverständlichen Etiketten versehenen Nahrungsmittel. Und dass heute, nur nach der Mode gehend und nicht selten ohne jegliche objektiven und wissenschaftlichen Belege, das eine verteufelt, morgen das andere hochgepriesen wird, macht die Auswahl noch schwieriger.

19 — Seine Philosophie teilt auch die Gruppe internationaler Koch-Influencer, der René Redzepi (Noma), Alex Atala (DOM), Virgilio Martínez (Central), Massimo Bottura (Osteria Francescana) angehören.

↑
Insekten, Grillen, Raupen, Würmer, oft frisch frittiert, sind in einigen asiatischen Ländern ein verbreitetes Streetfood.

Im Grunde sind wir alle auf Diät

Das Essen ist ein geografischer Bezugspunkt, auch wenn es darum geht, die beiden großen Geißeln im Hinblick auf die menschliche Gesundheit zu definieren: Auf der einen Seite gibt es Länder, wo Menschen Hunger leiden und die Nahrungsbeschaffung mit enormen Anstrengungen verbunden ist, auf der anderen Seite gibt es in zunehmender Zahl Länder, in denen Menschen unter Fettleibigkeit leiden. Übermäßiges Essen (dazu oft von schlechter Qualität) und geringes Wissen über Ernährung führen genauso zu Leiden und Krankheiten wie Mangelernährung.

Ein weiteres, vielleicht sogar das deutlichste Beispiel dafür, dass Essen ganz eigenen Geografien folgt, die nationale Grenzen überschreiten und neue Gemeinschaften, Begegnungen und Vermischungen hervorbringen, stellen Diäten dar. Unter Diät versteht man eine klar umrissene Ernährungsweise, sowohl in qualitativer als auch quantitativer Hinsicht. Der Mensch umgibt Diäten häufig mit Tabus, Riten, Etiketten und Zwängen (welche Dinge sollte man essen, in welchen Mengen, in welcher Reihenfolge und zu welcher Tages- oder Jahreszeit). Man folgt bestimmten Ernährungsvorschriften aus

In der Tat gibt es wahrscheinlich keine Nährstoffquelle auf der Erde, die nicht von irgendeinem Menschen irgendwo gegessen wird – Insekten, Würmer, Dreck, Pilze, Flechten, Seetang, verfaulter Fisch; die Wurzeln, Triebe/Sprossen, Stängel/Strünke, Rinde, Knospen, Blüten Samen und Früchte von Pflanzen; jeder erdenkliche Teil jedes erdenklichen Tieres.

Michael Pollan
Das Omnivoren-Dilemma — 2006

religiösen oder ethischen Gründen, der Gesundheit wegen und, vor allem im Westen, aus ästhetischen Gründen im Namen eines Schönheitsideals, das das Schlanksein verherrlicht. [20] Wir sind auch das, was wir nicht essen. Abgesehen von den Tagen, an denen kein Fleisch gegessen werden soll, sowie der Fastenzeit, macht die christliche Religion – die eigentlich von der Symbolik des Essens durchdrungen ist, angefangen von Brot und Wein bis hin zu Evas Apfel und der zu den Todsünden zählenden Völlerei – keine konkreten Vorschriften darüber, was man essen darf und was nicht. Anders als die koschere (»für den Verzehr geeignet, erlaubt«) Küche in der jüdischen Religion, die auf den in der Tora festgelegten Speisegesetzen basiert. Diese sehen den Verzehr begrenzter Fleischsorten vor, die Verwendung bestimmter Küchengeräte und das Verbot, Fleisch und Milchprodukte zusammen zuzubereiten und zu verzehren. Die für die Zubereitung koscherer Lebensmittel verwendeten Küchengeräte müssen getrennt von den »unreinen« aufbewahrt werden, da sie die Lebensmittel, mit denen sie in Berührung kommen, sonst unrein machen würden. Außerdem sind – von der Vorbereitung der Gerichte anhand bestimmter Rezepte, die den Speisen im Laufe der Stunden mehr Geschmack verleihen, bis hin zur gesamten Kette der Lebensmittelherstellung – eine Reihe bestimmter Verfahren vorgeschrieben, um am heiligen Sabbat keine Tätigkeiten ausüben zu müssen, sodass alle gemeinsam feiern können, ohne kochen zu müssen. Die zahlreichen Gebote werden von Mensch zu Mensch, von Gemeinschaft zu Gemeinschaft unterschiedlich befolgt und passen sich an den jeweiligen Wohnort an, auch als Folge der Diaspora, da das jüdische Volk in alle Teile der Welt ausgewandert ist, wo auf diese Weise andere Kulturen entstanden, die sich mit den vorhandenen mischten. Im Buddhismus gibt es im Hinblick auf das Essen keine besonderen Vorschriften oder Regeln, allerdings ernähren sich viele im Einklang mit den Prinzipien der Gewaltlosigkeit und des Verzichts vegetarisch. Praktizierende Hindus, denen das Leben jedes Tieres als heilig gilt, befolgen eine vorwiegend laktovegetarische Ernährung, die den Verzehr von Rindfleisch und Alkohol verbietet. Gläubige des Islams haben drei wichtige Regeln, die es zu befolgen gilt: Kein Alkohol, kein Verzehr

20 — Die marokkanische Soziologin Fatema Mernissi, eine der maßgeblichsten weiblichen Stimmen im Islam, schrieb im Jahr 2000, die Kleidergröße 36 sei der Schleier des Okzidents.

von Schweinefleisch (einschließlich daraus hergestellter Produkte) und kein Fleisch von Tieren, die nicht den religiösen Vorschriften entsprechend geschlachtet wurden. Wie wichtig die Speisevorschriften für die Muslime sind, zeigt der Ramadan, der Fastenmonat, in dem sie jeden Tag von Sonnenauf- bis Sonnenuntergang weder essen noch trinken –, um dann nachts zu feiern.

Ganz anderer Natur sind Ernährungsweisen, denen ästhetische Gründe oder eine Gewichtsabnahme zugrunde liegen. In dem Maße, in dem der Taillenumfang immer größerer Bevölkerungsteile zunimmt (obwohl so viele andere nach wie vor unter der Geißel des Hungers leiden), wächst auch die kollektive Hysterie, wenn es um schnelle (meist aber ineffektive) Methoden zur Gewichtsabnahme geht. Weltweit machen Diäten mit dem Versprechen der Gewichtsabnahme von sich reden, die meist auf dem Verzicht von Essen beruhen und in der Regel mit dem Namen ihres Erfinders verknüpft sind, der keine Gelegenheit auslässt, Bücher darüber zu verkaufen sowie, im schlimmsten Fall, Getränke, Tabletten und Energieriegel, die als Ersatz für echte Nahrung dienen sollen.

Darüber hinaus gibt es spezifische, wissenschaftlich und medizinisch anerkannte Diäten im Zusammenhang mit gesundheitlichen Problemen, bei denen darauf gesetzt wird, dass sich ein spezielles Essen auf das Wohlbefinden auswirkt. Ein Beispiel dafür ist die »glutenfreie« Ernährung, entwickelt für Menschen, die an Zöliakie leiden. Sie umfasst den Verzicht auf alle Lebensmittel, die das in Getreide enthaltene Klebereiweiß Gluten enthalten.

Eine der am weitesten verbreitete Form des Verzichts auf eine bestimmte Kategorie von Speisen ist die vegetarische Ernährung, deren Anhänger sich ausschließlich von pflanzlichen Lebensmitteln ernähren und tierische meiden. Eine noch strengere Form ist der Veganismus, bei dem konsequent auch auf tierische Produkte wie Milchprodukte, Honig und Eier verzichtet wird.

Es gibt eine Vielzahl von Gründen, sich für eine vegetarische Ernährung zu entscheiden, darunter Religion, ethische oder gesundheitliche Motive, wirtschaftliche oder kulturelle Faktoren und nicht zuletzt auch die Vorstellung, durch eigene Ernährungsgewohnheiten etwas gegen die globale Klimaerwärmung zu tun. Der US-amerikanische Schriftsteller Jonathan Safran Foer vertritt seit Jahren die Meinung, der Verzicht auf Fleisch sei ein grundlegender Schritt im Kampf gegen die Klimakrise, den alle gehen sollten. Und in seinem neuesten Buch *Wir sind das Klima! Wie wir unseren Planeten schon beim Frühstück retten können* (2019) fordert er alle zu einem Verzicht auf, um einen großen Wandel zu erreichen: Keine tierischen Lebensmittel in der täglichen Ernährung bis mindestens 18 Uhr.

Das Land mit dem weltweit höchsten Anteil an Vegetariern ist Indien: Ihr Anteil beträgt etwa 38 % an der Gesamtbevölkerung. Erklären lässt sich dies durch die weite Verbreitung von Buddhismus und Jainismus, beides Religionen, die auf dem Prinzip der Gewaltlosigkeit gegenüber Tieren beruhen. Insbesondere der indische Vegetarismus ist eher lakto-vegetarisch geprägt, denn viele Menschen essen Milch- und Käseprodukte, verzichten aber ganz auf Eier.

In jedem Fall nimmt die Zahl der Menschen, die auf eine vegetarische Ernährung umschwenken, überall auf der Welt kontinuierlich zu, und sie bilden eine weitverzweigte, grenzübergreifende Ernährungsgemeinschaft.

Kurze, approximative, unvollständige, aber unverzichtbare Geografie der leeren Teller

Man kann kaum über das Essen sprechen, ohne dabei auch einmal den Blick auf die dafür verwendeten Behältnisse zu richten, also Teller, Platten, Tassen und sonstige Gefäße. Leere Teller, um das klarzustellen. Die frühesten keramischen Artefakte gehen zurück in die Jungsteinzeit, als rohe Töpferwaren mit der Hand geformt und über Feuer gebrannt wurden. Etwa im 3. Jahrtausend v. Chr. gelangten bemalte und verzierte Töpferwaren aus den Regionen des Fruchtbaren Halbmonds und aus Anatolien nach Europa. Später entstanden große Produktionszentren in den Gegenden der Magna Graecia. Die Nachfrage nach immer ausgefalleneren Verzierungen förderte die Entstehung der nach der italienischen Stadt Faenza [21], die bis heute zu den wichtigsten Herstellern gehört, benannten Fayence. Glasierte und dann erneut gebrannte Keramik kam in Europa erstmals um das Jahr 1000 auf, hatte seinen Höhepunkt im Mittelalter und blieb bis zum Aufkommen

21 — In Faenza befindet sich das MIC, das internationale Keramikmuseum, das größte monothematische Museum der Welt, mit einer gewaltigen Keramiksammlung aus allen Epochen und allen Regionen.

22 — Zahlreiche Porzellangegenstände wurden im Inneren der berühmten niederländischen Schiffe *Hatcher Junk* und *Geldermalsen* gefunden, die 1646 beziehungsweise 1752 gesunken waren und Ende des vorigen Jahrhunderts gehoben wurden. Auf dem Grund chinesischer Meere fand man sogar komplette intakte Teeservice.

des Porzellans gefragt. Nach wie vor sind Herstellung und Verwendung von Fayencen beziehungsweise Majoliken typisch für die Länder des Mittelmeerraums: Italien, Südfrankreich, Spanien, Maghreb und Naher Osten.

Porzellan, eine besondere Art der Keramik, die während der Tang-Dynastie (618–907) erstmals in China produziert wurde, erlebte ihre Glanzzeit in der Ming-Dynastie (1368–1644), insbesondere in der Stadt Jingdezhen. Zeugnisse für die Existenz von Porzellan gelangten erstmals im 13. Jahrhundert durch Marco Polo nach Europa, der in seinem Werk *Il Milione* berichtet, die »schönsten Schalen der Welt« gesehen zu haben. Und die Europäer waren ganz verrückt danach. In der Folge wurden die Laderäume der Schiffe der Ostindien-Kompanie mit Porzellangeschirr gefüllt. Zusammen mit Tee kamen nun erstmals auch Tassen und Teekannen, ebenso exotische Gegenstände wie das Getränk selbst. [22] Nie zuvor hatte man in Europa eine solch dünne und durchsichtige Keramik gesehen. Es musste einfach gelingen, sie nachzuahmen. Nach mehreren Versuchen in Florenz unter den Medici, im französischen Rouen sowie in den Niederlanden dauerte es noch bis Anfang des 18. Jahrhunderts, genauer gesagt bis 1708, bis jemand verkünden konnte, dass es gelungen war, echtes weißes Porzellan herzustellen. Dieser Jemand war August der Starke, Kurfürst von Sachsen und als August II. König von Polen. Er hatte, um das Geheimnis zu lüften, den Alchemisten Johann Friedrich Böttger zusammen mit dem Physiker Ehrenfried Walther von Tschirnhaus in seinen Dienst gestellt. Kurz darauf wurde in Meißen, unweit von Dresden, eine Porzellanmanufaktur gegründet, die bis heute neben verschiedenen englischen, niederländischen und nordfranzösischen Manufakturen (vor allem um Limoges) zu den weltweit bedeutendsten gehört. Extrem verkürzt könnte das Fazit dieser wunderbaren Geschichte, die ein eigenes Buch wert wäre, lauten: Der Mittelmeerraum speist von Majoliken, Nordeuropa und der Orient von Porzellan und der Rest der Welt von Ton- oder Steinzeug (ein weniger zerbrechliches Material als Porzellan und vielseitiger als Majolika). Auch hier also Vermischungen, Wanderbewegungen, Verschmelzungen.

WIE BRINGEN WIR DAS ESSEN ZUM MUND? Das am häufigsten verwendete Werkzeug zum Essen sind die Hände. Aus Tradition, Konvention oder Bequemlichkeit nimmt man das Essen in die Hand und führt es zum Mund. An zweiter Stelle kommt der Löffel, dann Gabel und Stäbchen.

WIE BRINGEN WIR DAS ESSEN ZUM MUND?

STÄBCHEN
HÄNDE
BESTECK

CONVIVIEN

GEMEINSAM ESSEN

Ethnologen stimmen darin überein, dass Essen als eine jener Triebfedern betrachtet werden kann, die den Menschen dazu brachten, zu sprechen und eine Sprache zu entwickeln. Schließlich musste man den übrigen Mitgliedern der Gemeinschaft das Ergebnis der täglichen Bemühungen auf der Suche nach guten Jagd- oder Sammelgebieten irgendwie kommunizieren.

Zudem geht man davon aus, dass die Sprache sich vor allem bei Mahlzeiten weiterentwickelte, beim Teilen der Nahrung. Das, was wir heute als gesellige Tischrunde betrachten, hat vermutlich seinen Ursprung rund ums Feuer, wo Essen und Worte aufeinandertrafen, Urinstinkte überwunden und die Basis für Gemeinschaften gelegt wurden. Aus diesem Grund stelle ich mir gern vor, dass Essen das älteste und gleichzeitig das modernste aller sozialen Netzwerke ist, denn es reicht ein gedeckter Tisch, um eine Beziehung aufzubauen. In vorgeschichtlicher Zeit geschah dies in einem engen Kreis, in dem das Essen von Hand zu Hand weitergegeben wurde. Heute erfolgt der Austausch in einem sehr viel größeren Kreis, indem man einen Like unter ein Foodfoto setzt, das Tausende von Kilometern entfernt aufgenommen wurde, von jemandem, dem wir wohl niemals die Hand schütteln werden, der aber in genau diesem Moment eine Verbindung ausgelöst hat.

Warum essen wir gemeinsam mit anderen? Um uns kennenzulernen, uns vertrauen und besser einfühlen zu können, weil wir es möchten oder aus einer Notwendigkeit heraus. Ich bin der Meinung, gemeinschaftliches Essen nimmt Einfluss auf den Geschmack der Gerichte. Das gleiche Essen wird verschiedene Empfindungen auslösen, je nachdem, ob man allein oder in Gesellschaft isst. So wird ein günstiges Mensaessen im Kreis von Kommilitonen besser schmecken als allein, weil hierbei das Gemeinschaftsgefühl zum Tragen kommt. In der Tat besteht eine direkte und unauflösliche Verbindung zwischen dem Geschmack von Speisen und der Freude am Teilen. Auch aus diesem Grund ist allein zu essen im Hinblick auf den menschlichen Instinkt eine unnormale Situation. Allein im Restaurant zu essen kann, wenn man es nicht selbst so beschlossen hat, als peinliche Situation empfunden werden, weil man es gesellschaftlich nicht gewohnt ist. Aus demselben Grund setzen sich Leute, die zu Hause allein essen, dabei oft vor den Fernseher, der ihnen als Ersatz für die gesellige Runde dient. Symbol des gemeinsamen Speisens ist der Tisch. Im Italienischen wird unterschieden zwischen *tavolo* als Bezeichnung für den Gegenstand selbst, also den Tisch, und *tavola*, ein Wort mit breiter gefasster Bedeutung, ähnlich der Tafel. »Zu Tisch« ist eine Ausdrucksweise, die darauf hinweist, dass man – alle zusammen – an diesem Möbelstück eine Mahlzeit einnehmen wird. Der Tisch im Sinne von Tafel definiert in der Welt Rollen, Beziehungen und Stile im Umgang mit Essen. Ein runder Tisch impliziert, dass jeder Esser denselben Stellenwert hat und niemandem

↑
In Mexiko werden am *Día de los muertos* spezielle Speisen gegessen, darunter das *pan de muertos*, ein mit Anis oder Orange aromatisiertes Brot, in das ein Kreuz eingeritzt wird.

ein von den anderen abgehobener Platz zukommt. Dies ist der Fall bei rechteckigen Tischen, wie man sie in der westlichen Tradition oft findet.

Essen und Tod

In vielen Kulturen der Welt kommen Familie und Freunde beim Tod eines geliebten Menschen zum Gedenken und zu kollektiven Ritualen zusammen. Bei diesen Zusammenkünften, für die es viele Namen gibt – etwa Leichenschmaus oder Totenmahl –, handelt es sich zumeist um ein Essen. Auch bei den nordamerikanischen *funeral parties* spielt das Bankett zu Ehren des oder der Verstorbenen eine große Rolle, und manchmal heißt es gar, bei Beerdigungen würde mehr gegessen als bei Hochzeiten. Der Grund liegt nahe und ist eben genau darin zu suchen, dass Essen sofort ein Gefühl von Gemeinschaft und Gemeinsamkeit hervorruft. Und wir verbannen damit den Tod und setzen ihm ein Symbol des Lebens entgegen, nämlich das Essen. Es gibt keine bessere Art, auszudrücken, dass man lebt, als zu essen. Folglich hat sich daraus eine Tradition bestimmter Gerichte entwickelt, die eigens zu diesem Anlass zubereitet werden. *Koliva* beispielsweise ist ein

Gericht auf der Basis von gekochtem Weizen, das mit Puderzucker, Honig und Zimt gewürzt und mit Nüssen, Mandeln, Samenkörnern oder Bonbons verziert wird. Orthodoxe Christen in Griechenland, Russland und Osteuropa bereiten es bei einem Trauerfall in der Familie zu, und während der Beisetzung wird es dann von einem Priester gesegnet. In den Niederlanden reicht die Familie den der Bestattung beiwohnenden Trauergästen im Anschluss Kaffee und Kuchen. In Tansania haben die Menschen verschiedene Essensrituale zu Ehren ihrer Vorfahren, darunter auch Tieropfer. Eines dieser Rituale ist recht bizarr. Es besteht darin, als Ausdruck des Respekts eine kleine Menge des Getränks, das man gerade zu sich nimmt, auf den Boden zu gießen. Die *funeral potatoes* der Mormonen [23] sind ein einfaches, leckeres Gericht aus Kartoffeln, Käse, Zwiebeln und Sauerrahm, das mit Butter und Maisflocken angerichtet wird. In New Orleans, wo Beerdigungen wahre Musikparaden mit Jazz-Bands sind und sich die Trauerzüge tanzend vorwärtsbewegen, gilt *jambalaya*, eine der typischen Speisen von Louisiana, als passendes Gericht. Traditionell wird es am Vorabend der Parade zubereitet, sodass es bei der Rückkehr nach Hause bereitsteht. Ich erwähne dieses Gericht nicht zufällig und auch nicht nur, weil es in einer der faszinierendsten Städte der Welt gegessen wird, sondern vor allem, weil es eines der zahllosen Rezepte ist, das eine mehrere Kontinente umspannende Geografie verkörpert.

23 — Als »Mormonen« bezeichnen sich die weltweit etwa 15 Millionen, vorwiegend in den Vereinigten Staaten lebenden Anhänger der Bewegung des Christentums der Heiligen der Letzten Tage. Initiiert wurde diese sich auf das Buch Mormon stützende Glaubensrichtung 1830 von Joseph Smith.

Zum einen ist es ein einzigartiges Gericht, das der spanischen Paella sehr ähnlich ist. Allerdings enthält es keinen Safran, denn dieses Gewürz war dort damals sicher nicht verbreitet. Interessanter für unsere Betrachtungen ist jedoch die Tatsache, dass es zwei verschiedene, genau definierte Versionen gibt, eine kreolische und eine aus der Cajun-Küche. Und diese beiden Küchen koexistieren in New Orleans und machen die Stadt zu einer der kulinarisch interessantesten der Welt. Die kreolische Küche Louisianas ist durch die Vermischung der Zutaten und Zubereitungsarten all jener entstanden, die dauerhaft oder auf der Durchreise ins Land kamen: Franzosen, Portugiesen, Spanier, amerikanische Ureinwohner und afrikanische Sklaven. Die Cajun-Küche dagegen wurde von den Nachkommen französischer Siedler aus Kanada entwickelt, die in der zweiten Hälfte des 18. Jahrhunderts von den englischen Siedlern vertrieben wurden und nach Louisiana übersiedelt waren. Im Vergleich zur kreolischen Küche – die sich in den Häusern der Reichen entwickelt hatte und danach strebte, die europäische Küche mit örtlichen Zutaten nachzuahmen – ist die Cajun-Küche rustikaler und bäuerlicher und erinnert eher an die französische Landküche. Deshalb wird Jambalaya, das beide kulinarischen Kulturen verbindende Gericht, jeweils leicht unterschiedlich zubereitet. Bei beiden Rezepten bilden Paprikaschoten, Zwiebeln und Staudensellerie, die hier als die »Heilige Dreifaltigkeit« gelten, die Grundlage. Dazu kommen noch Fleisch, Fisch, Reis und Brühe. In der kreolischen Version werden auch Tomaten verwendet, weshalb diese auch als rotes Jambalaya bezeichnet wird. Die Cajun-Variante sieht dagegen bräunlich aus, weil das Fleisch in einer großen Eisenpfanne angebraten wird. Der dabei entstehende dunkelbraune Bratensatz sorgt hier für die typische Farbe.

Essen und Liebe

Überall auf der Welt ist das Hochzeitsritual, wenn auch mit unterschiedlichen Funktionen (weltlich oder religiös) und Traditionen, oft mit einem kulinarischen Ereignis verbunden, das die Brautleute und die an der Zeremonie teilnehmenden Gäste einschließt. Vom Werfen mit Reis, in vielen Traditionen ein Hochzeitsbrauch, der Fruchtbarkeit und Wohlstand symbolisiert, bis hin zur Auswahl der Speisenfolge für das Bankett, das von traditionellen, glücksbringenden Gerichten bis hin zu ausgefallenen Überraschungsmenüs reicht, spielt das Essen beim Trauungsritual eine wichtige Rolle. In Deutschland ist die Hochzeitssuppe ein traditionelles Gericht, eine klare Brühe mit Fleisch und Grießklößchen. Auch in Japan wird eine Hochzeitssuppe gegessen: Die *ushio-jiru* genannte Suppe wird zubereitet aus Brühe und *hamaguri*, Muscheln, deren paarweise Schalen das harmonische Eheleben der Brautleute symbolisieren. In China reicht man Ginkgonüsse, im Irak Marzipanspeisen und in den USA, Großbritannien sowie vielen anderen Ländern wird die Hochzeitstorte angeschnitten, ein Ritual, das sogar bis ins alte Rom zurückzureichen scheint, wo es Brauch war, dass der Bräutigam am Ende der Zeremonie auf dem Kopf der Gemahlin als Zeichen für Glück und Fruchtbarkeit ein Brot zerschnitt. Die dabei herabfallenden Krümel wurden dann von den Hochzeitsgästen aufgesammelt, um

←
Die das Brautpaar darstellenden Figuren auf der Torte gehen zurück auf das Ende des 19. Jahrhunderts. Die anfangs aus Harz und Gips bestehenden Figuren wurden ab den 1920er-Jahren industriell aus Zelluloid hergestellt. Seit den 1950er-Jahren sind sie ein unverzichtbares Dekor der Hochzeitstorte.

sich ein wenig von diesem Glück mit nach Hause zu nehmen. In Griechenland schenkt man den Gästen *koufeta*, mit Schokolade und Zucker überzogene Mandeln, und zwar unbedingt in ungerader Zahl, da dies für die unteilbare Einheit des Paares steht. Eine ungerade Zahl kann nämlich nicht zweigeteilt werden. In Brasilien dagegen schenkt man den Gästen als Symbol für die süße Vereinigung *bem casados*, zwei durch *doce de leite* zusammengehaltene Kekse. Bevor man sie isst, wird ein Wunsch ausgesprochen. In Südkorea bringt die Braut zu *pyebaek*, einer eigenen Zeremonie im engsten Familienkreis, als Symbol der Fruchtbarkeit Kastanien und Datteln mit. Am Ende der Zeremonie werfen die Verwandten diese der Braut hinterher, die ihrerseits versucht, so viele wie möglich aufzufangen, stehen diese doch für die Zahl der Kinder, die sie haben wird.

Eine große gedeckte Tafel am Meer

Rings um das Mittelmeer haben sich über eine lange Zeitspanne so starke Veränderungen und Entwicklungen vollzogen, dass dabei über regionale, nationale und kontinentale

Gegebenheiten hinaus eine neue, unabhängige Realität entstand. Drei Kontinente grenzen an das Mittelmeer: Europa, Asien, Afrika. Hier liegt die Wiege der drei großen monotheistischen Religionen: Christentum, Judentum, Islam (der Vollständigkeit halber sei jedoch auch erwähnt, dass hier erstmals auch der Gedanke an eine Trennung von Kirche und Staat aufkam). Mehr als 200 Sprachen werden hier gesprochen. Und doch hat sich in diesem Sammelbecken unerschöpflicher Vielfalt, trotz eindeutig bestehender Konflikte (militärischer, religiöser, kultureller und anderer Art), eine Gesamtheit von Werten, Gefühlen, Farben und Aromen entwickelt, die eine gemeinsame Bedeutung und einen gemeinsamen Ausdruck haben. Von Spanien bis nach Kroatien, vom Libanon bis nach Frankreich, von Marokko bis nach Albanien ist der Mittelmeerraum zersplittert und doch gleichzeitig vereint. So existiert beispielsweise eine kulinarische Tradition, die eine Gesamtheit überlieferter Kenntnisse, Erfahrungen, Rituale, Symbole und Traditionen im Hinblick auf Anbau, Ernte, Fischfang, Tierhaltung, Haltbarmachung, Zubereitung und vor allem das gemeinschaftliche Genießen des Essens umfasst. Die Rede ist von der *dieta mediterranea*, der Mittelmeerdiät, die von der UNESCO zum immateriellen Kulturerbe erklärt wurde und die wegen ihrer gesundheitlichen Vorzüge bei Ärzten weltweit hochgeschätzt ist.

Vom Mittelmeer aus stachen die Schiffe in See, die Amerika entdeckten, von wo wiederum jene Lebensmittel importiert wurden, die später zu Eckpfeilern der bekanntesten Gerichte und zu den am stärksten verwurzelten Kulturpflanzen wurden, wie Tomate, Kartoffel und einige Hülsenfrüchte, etwa die Bohne. Das Mittelmeer war die Anlaufstelle für Waren aus dem südlichen Zentralafrika und dem Fernen Osten. Klimatische Faktoren sowie religiöse Verbote und Gebote führten dazu, dass der Schwerpunkt der mediterranen Ernährung auf Gemüse und Getreide (Brot, Nudeln, Pizza, Polenta, Couscous, Paella usw.) sowie auf der überwiegenden Nutzung von pflanzlichen Würzmitteln und Fetten wie Olivenöl liegt.

Doch abgesehen von dem, was in der Vorratskammer liegt, ist die eigentliche, die alle Völker rings um dieses Meer verbindende Besonderheit der Stellenwert, den das »gemeinsame Essen« hat, das aus der einfachen Nahrungsaufnahme eine Zeit der Geselligkeit macht, in der Bindungen aufgebaut und gefördert werden. Kurzum: die Freude an einem gemeinschaftlichen Mahl. Hier dient Essen zur Beziehungspflege und zum gegenseitigen Austausch. Erkennbar ist dies beispielsweise an den vielen Traditionen im Zusammenhang mit Festen, seien sie nun religiöser oder nicht religiöser Art. Sie zeichnen sich aus durch bestimmte, mit besonderen Gelegenheiten verknüpfte Gerichte. Mehr als in anderen, von tiefen politischen und religiösen Gräben geprägten Regionen und trotz all der Tragödien, die sich im Mittelmeerraum abspielen – Migration, Kriege, Terrorismus oder ökonomische Ungleichheiten –, ist das Essen hier, wo das Meer trotz aller Schrecken für die Verzweifelten oft der hoffnungsvolle Weg zu einem besseren Ort ist, ein Ausdruck der Hoffnung, der Hoffnung darauf, dass eine Synthese der Vielfalt, eine Koexistenz verschiedener Traditionen, eine positive gegenseitige Beeinflussung und eine für alle bereichernde Toleranz tatsächlich möglich sind.

Die Mittelmeerdiät umfasst Rituale und Traditionen, die über die Küche im engeren Sinne hinausgehen und eher dem Bereich der Erzeugung von Lebensmitteln (beispielsweise Anbau, Fischerei oder Tierhaltung), der Haltbarmachung und insbesondere der Art, wie sie gegessen werden und im Tagesablauf in die Mahlzeiten eingegliedert werden, zuzuordnen sind. »Gemeinsames Essen ist die Grundlage der kulturellen Identität und Kontinuität der Gemeinschaft im Mittelmeerraum«, heißt es in der Präsentation der UNESCO. »Die Mittelmeerernährung betont Werte der Gastfreundschaft, des nachbarschaftlichen Zusammenlebens, des interkulturellen Dialogs und der Kreativität. Sie spielt eine wichtige Rolle in kulturellen Kontexten, Festen und Feierlichkeiten, indem sie Menschen jeden Alters und jeder sozialen Schicht zusammenbringt. Sie schließt das Handwerk und die Fertigung von Gefäßen für Transport, Haltbarmachung und Verzehr von Lebensmitteln ein, darunter Keramik und Glas.« Und so kann man sich das Mittelmeer als eine Art riesige gedeckte Tafel vorstellen, an der alle Menschen Platz nehmen und zu der jeder etwas aus der eigenen Kultur und der eigenen Herstellung beiträgt. Das Bankett hat keine Grenzen, ist eine unaufhörliche Entdeckungsreise durch Diversität und Geschichte. Nach und nach kommen aus dem Hinterland neue Gerichte, neue Aromen, neue Personen, die essbare Geschenke mitbringen. Ein runder Tisch, ohne hierarchische Unterschiede,

↓ **DAS MITTELMEER BITTET ZU TISCH:** Geselligkeit, gesunde Zubereitungsmethoden und gesunde Speisen – dies sind die Zutaten der Mittelmeerdiät, die Menschen aus drei verschiedenen Kontinenten an einem Tisch vereint.

Die Entdeckung einer neuen Speise
ist für die Menschheit förderlicher als
die Entdeckung eines neuen Sterns.

Jean Anthelme Brillat-Savarin
Physiologie des Geschmacks — 1826

DAS MITTELMEER BITTET ZU TISCH

↑
Personalpause in der Restaurantküche

einer neben dem anderen, sodass alle die Möglichkeit haben, sich gegenseitig zu sehen, wo man nur ein wenig enger zusammenrücken muss, um Platz für einen weiteren Tischnachbarn zu machen, einen immer willkommenen Gast, wo schöne Musik erklingt, bunt gefüllte Teller von Hand zu Hand gereicht werden, Gespräche mit Speisen verschmelzen, wo man guten Wein trinkt und sich mit einer Umarmung verabschiedet.

Als aus Essen Food wurde

Im Kontext des Zusammenlebens dient Essen nicht nur der Geselligkeit, sondern wird umgekehrt auch dafür genutzt, soziale Rollen und Schichten festzulegen. Die Ernährung der Patrizier war natürlich eine andere als die der Plebejer, genau wie es in der Renaissance bei den Banketten der Adligen darum ging, den eigenen Reichtum anhand sehr teurer, exotischer Gerichte zur Schau zu stellen. 1826 prägte Jean Anthelme Brillat-Savarin den weltbekannten Aphorismus »Sage mir, was du isst, und ich sage dir, wer du bist«. Damit wollte er ausdrücken, dass Essen sich zu einer Art der Selbstdarstellung entwickelte, ein Punkt, der heute offensichtlicher ist denn je. Nur dass wir diese Unterschiede heute durch die Kompetenz und das kulinarische Wissen verdeutlichen, mit dem wir uns von anderen abheben und das unsere Erfahrung auf dem Gebiet der Ernährung zeigt. In gewisser Weise hat das Essen heute die Kunst abgelöst und die soziologischen Merkmale der Kultur übernommen (es ist wichtig, Mozart oder Raffael zu kennen, aber ebenso erstrebenswert, sich über Kombucha oder Mykologie unterhalten zu können). Essen ist ein unerschöpflicher Anlass für Snobismus (mein regionaler Wochenmarkt ist größer, besser, frischer als deiner). Jugendbewegungen, wie etwa die von Greta Thunberg, deren Hauptargument der Schutz der Umwelt ist, fassen ihre Ideale in einem Wertekatalog zusammen, der sein Augenmerk sehr viel stärker auf Essen und Lebensmittel richtet (insbesondere deren Erzeugung und Verteilung), als es in früheren Jahrzehnten der Fall war, als das »was« beim Essen noch kein politisches Thema war. Greta Thunberg und andere – etwa der bereits zitierte Jonathan Safran Foer – wenden sich gegen industrielle Landwirtschaft und intensive Tierhaltung, die als eine der Hauptursachen für den Klimawandel und andere umweltbedingte Schäden verantwortlich gemacht werden.

Aus Essen ist FOOD geworden – ein englisches Wort, das überall auf der Welt verwendet und verstanden wird und all das bezeichnet, was mit seinen Erscheinungsformen in Verbindung steht: Im Fernsehen schaut man Food-Shows, in sozialen Netzwerken folgt man Foodporn-Kanälen und die neuen Essensexperten nennen sich Foodies. Sie haben die »Gourmets« abgelöst, die klischeehaft charakterisiert werden als männlich, weiß, übergewichtig, unter hohen Cholesterinwerten leidend, wohlhabend, anspruchsvoll, langweilig, mittleren Alters. Während die Experten in kulinarischen Fragen sich früher über teure Restaurants, edle Weine oder Genussreisen in Gegenden mit exquisiten Erzeugnissen unterhielten, ist das Thema Essen heute demokratisiert. Der Foodie ist Experte für Pizza, Muscheln, Guacamole und Barbecue. Und möchte jedes Geheimnis wissen. Wie Hippies, religiöse Sekten, Skinheads oder Cosplayer bilden auch die Foodies eine Subkultur. Mehr als einmal konnte man lesen, dass das Essen die soziologischen Merkmale der Kultur angenommen hat und den Raum einnimmt, der einst der Musik vorbehalten war. Wenn das Essen heute so etwas wie Rock 'n' Roll, Sex, Religion, Kunst … ist, wer zelebriert dann diesen Kult? Die Köche natürlich. Der in Modena tätige Massimo Bottura wurde von der *New York Times* zu einer der einflussreichsten Persönlichkeiten des Jahres 2016 erklärt, zusammen mit den »Großen, die unsere Kultur neu definiert haben«, darunter Michelle Obama, Lady Gaga, Junya Watanabe, Kerry James Marshall, Zadie Smith und William Eggleston. »Der Küchenchef heutiger Zeit ist viel mehr als die Summe seiner Gerichte«, habe ich Bottura im selben Jahr anlässlich der Veranstaltung »Food on the Edge« in Irland sagen hören, wo sich alles um die Zukunft des Essens drehte.

Wer kocht im globalen Dorf?

Eine Auswirkung der Globalisierung ist das, was der Soziologe Mike Featherstone als »dritte Kultur« bezeichnet. Darunter versteht man eine Reihe von Gepflogenheiten, Haltungen, Kenntnissen, Lebensstilen, Geschmacksvorlieben und Konventionen, die sich unabhängig von geografischen Begrenzungen entwickelt haben und deshalb über die Grenzen von Nationalstaaten hinausgehen, dabei aber überall absolut anerkannt und geschätzt sind. Fernsehsendungen, soziale Medien, Musik, Werbung und Mode beispielsweise haben jeweils ihre dritte Kultur hervorgebracht. Das Publikum ist die ganze Welt. Fernsehserien können an entgegengesetzten Orten der Welt geschaut werden, die beliebtesten Influencer auf Instagram wenden sich an ein Publikum, das die Botschaft des Bildes an jedem Breitengrad versteht. Werbeagenturen planen globale TV-Kampagnen, genau wie alle, die sich mit kultureller Kommunikation im globalen Dorf beschäftigen. Es gibt eine länderübergreifende Bilderwelt, die wir sowohl auf der persönlichen wie auf der kollektiven Ebene entwickeln und die durch die Gesamtheit der Informationen entsteht, die uns täglich zur Verfügung stehen. Und dieses Datenkonglomerat vermengt in einem einzigen Kessel persönliche Erinnerungen, kollektive Erinnerungen und virtuelle Bilder. Lassen Sie mich das näher erläutern. Sushi zum Beispiel gehört sicherlich nicht zu meiner kulinarischen Tradition, aber als ich es zum ersten Mal gegessen habe (ich weiß noch, ich war zum Studium in Bologna), hat mein Gehirn wahrscheinlich Erinnerungen und Bilder damit verknüpft: an einen japanischen Zeichentrickfilm, den ich als Kind gesehen habe, an eine Reise, an einen Dokumentarfilm. Und so habe ich die bisherigen Erfahrungen um die des Probierens ergänzt. Heute ist es sehr viel einfacher, um die Welt zu reisen, als früher, wir sind supergut vernetzt und haben Zugang zu unerschöpflichen Informationsquellen. Auf diese Weise sind wir in der Lage, uns nicht nur an Dinge zu erinnern, die wir selbst erlebt haben, sondern auch an Dinge, die uns erzählt wurden.

Und beim Essen können wir uns Aromen und Geschmacksnuancen vorstellen, die wir niemals gekostet haben und die nicht zur vertrauten geografischen Region gehören. Vor Kurzem bin ich auf einen Satz gestoßen, den ich mir notiert habe und hier endlich einsetzen kann: »Unsere Wahrnehmungen konstruieren wir immer wieder aufs Neue.« In diesem kontinuierlichen Zuschreiben neuer Bedeutungen zu alten Gefühlen verändert sich die Art, wie man über Essen denkt. Aus all diesen Gründen spricht man heute, als Folge der Globalisierung, von der »neuen globalen Küche«, um es mit den Worten von Rosario Scarpato zu sagen, einem Journalisten aus dem Bereich der Önogastronomie. Eine Küche also, die sich eben nicht auf der Basis von Wünschen oder Erinnerungen herausgebildet hat, die innerhalb eines bestimmten geografischen Raums gewachsen sind, sondern auf der Basis globaler Wünsche und Erinnerungen. Und doch handelt es sich um eine ethnische Küche – wenn man darunter eine Küche versteht, die, als solche oder im Gegensatz zu anderen, einem Volk zuzuordnen ist –, denn diese Küche gehört zu jenem grenzüberschreitenden Volk, das sie kennt, isst, kocht und liebt. Es ist die »lokale« Küche jenes globalen Dorfs, das sie als ihre eigene betrachtet und ihre Identität für sich beansprucht, auch wenn das Attribut »lokal« im Zusammenhang mit diesem Volk keine territoriale Frage ist, sondern eine der dritten Kultur. Was diese neue globale Küche ausmacht, ist somit nicht die Tradition und nicht einmal das Territorium, sondern es sind Lebensstil, Konsummodelle, Fernsehen, Kino, Food-Zeitschriften, soziale Medien, Events. Zu dieser neuen Küche gehören die in den Metropolen aller Kontinente vertretenen großen Restaurant- und Hotelketten, die Restaurants, die in internationalen Rankings die vordersten Plätze einnehmen (weil das Spielfeld, auf dem der Wettbewerb stattfindet, die ganze Welt ist). Gemeint sind einflussreiche Rankings wie *The World's 50 Best Restaurants* [24] oder renommierte Fernsehserien zum Thema wie die von David Gelb für Netflix produzierte Serie *Chef's Table*. Dem jungen amerikanischen Regisseur ist es gelungen, das Leben und die Hintergründe der interessantesten Köche des Planeten zu beleuchten, darunter Massimo Bottura, Gaggan Anand, Sean Brock, Ana Ros oder Nancy Silverton.

24 — 2019 stand Mauro Colagrecos Restaurant Mirazur in Menton bei *The World's 50 Best Restaurants* auf dem ersten Platz. 2018 hatte ihn – bereits zum zweiten Mal – Massimo Bottura aus Modena mit seiner Osteria Francescana belegt.

Ich könnte noch viele weitere Veranstaltungen, Medien, Projekte und Auszeichnungen aufzählen, die sich der ganzen Welt zuwenden und die aus der ganzen Welt Geschichten von Menschen oder Produkten ziehen, die prägend und irgendwie alle miteinander verbunden sind, unabhängig davon, wo sie sich befinden. Jene Köche, die die neue globale Küche umsetzen, tragen zu einer Kultur und einem Lebensstil bei, der nicht zu einer einzigen Nation gehört, sondern zur ganzen Welt, genau wie ein Anzug von Armani, ein Buch von Stephen King oder ein Song von Lady Gaga. Sie spielen eine Schlüsselrolle in der Zukunft der menschlichen Ernährung, denn sie beeinflussen neue Gemeinschaften und wirken zudem auf die touristischen Ströme der Gastronomie ein. Die neue globale Küche bringt Menschen auch dazu, sich an andere Orte zu begeben, um berühmte Restaurants zu besuchen, um besondere Streetfood-Gerichte zu kosten oder einen Produktionsort zu besichtigen.

Die traurige Seite der Globalisierung

Mexiko, Januar 2017. Wenige Kilometer von der Stadt San Cristóbal de Las Casas entfernt befindet sich mitten im zentralen Hochland Mexikos das kleine Dorf San Juan Chamula, das man über eine kurvige Straße erreicht. Im Zentrum angekommen wird man vom örtlichen Markt in den Bann gezogen, auf dem Kunsthandwerk, vor allem aus Leder und Stoff, angeboten wird. Die Frauen tragen hier die *falda*, einen typischen Röhrenrock aus der schwarzen Wolle des Borrego Cimarrón (Dickhornschaf), den man über den Kopf anzieht und in der Taille mit einem bunten Stoffband zusammenbindet. Mitten im Dorf steht die Kirche, klein, weiß, mit einer in Blau und Grün gestrichenen Holztür. Neben der Tür spielen einige Kinder, die den Besuchern erklären, dass man im Inneren keine Fotos machen darf. Das ist verboten, weil dem alten Glauben zufolge Fotos die Seele der abgebildeten Person stehlen. Hierher kommen zum Gebet die Mitglieder der Tzotzil-Maya, einem alten, von den Indios abstammenden Volk, das sich seine eigenen Rituale bewahrt hat. In der Kirche gibt es ein Kreuz und dieselben Heiligen wie bei den Katholiken, hier allerdings gekleidet nach traditioneller Maya-Art mit bunten Kleidern und bizarrem Schmuck. Der Innenraum besteht aus einem einzigen Kirchenschiff, das von den Heiligen gesäumt wird. Das Sonnenlicht fällt durch kleine Fenster ein und wird durch das Licht Hunderter langer, dünner Kerzen verstärkt, die überall verstreut aufgestellt sind. Es gibt

↑
Der Hauptplatz von San Juan Chamula mit dem Markt

keine Bänke und nicht einmal einen Fußboden, nur einen Belag aus Kiefernnadeln und Gras. Es gibt keinen Hochaltar, aber viele kleine private Altäre, an denen sich die Menschen – einzelne Schamanen, Paare oder Familien – stehend oder auf dem Boden sitzend versammeln, denn auch Stühle gibt es nicht. Es gibt keinen Zelebranten, jeder vollzieht sein eigenes Ritual und schmückt den persönlichen Altar mit Kerzen, Bildern, Hühnern oder Eiern und Flaschen.

Sie singen unverständliche Litaneien und wiegen sich mit gleichmäßigen Gesten im Rhythmus ihres Gesangs. All das strahlt etwas Altertümliches, Urtümliches, Mystisches aus. Da ich kein Foto machen darf, bin ich gezwungen, jedes Detail aufmerksam wahrzunehmen, damit es sich in mein Gedächtnis einprägt – und nicht in den Speicher des Handys. Während ich alles genau betrachte, jede Farbe, jede Bewegung, sticht ein Detail besonders hervor. Etwas, das absolut nicht in den übrigen Kontext passt. Und doch ist dieses Etwas allgegenwärtig. Neben Kerzen, Kiefernnadeln, Gebeten und dem Scharren der Hühner nehme ich etwas extrem Vertrautes wahr. Inmitten all dieser für mich neuen und unbekannten Praktiken und Atmosphären erkenne ich das Logo mit dem weltweit wohl höchsten Wiedererkennungswert: das Logo von Coca-Cola. Ich staune ungläubig über all die Coca-Cola-Flaschen, bis ich ihre grundlegende Rolle in dem Ritual verstehe. Zum Gebet der Gläubigen gehört am Ende der Litanei ein lauthalses Rülpsen. Ja, Sie haben richtig gelesen. Denn die indigenen Tzotzil vertreiben damit das Böse. Nur so kann man darauf hoffen, dass die Gebete erhört wurden und die Läuterung erfolgreich war. Mit einem lauten, kräftigen Rülpsen. Es versteht sich von selbst, dass kohlensäurehaltige Getränke hierbei wichtig sind. Während bis vor einigen Jahren dazu nach uralten Rezepturen selbst hergestellte Getränke genutzt wurden, tritt heute Coca-Cola an deren Stelle, das in Mexiko – wie im Übrigen in jedem anderen Winkel der Erde auch – allgegenwärtig ist, aber ich hätte nie gedacht, es eines Tages in einer Kirche zu finden. Noch dazu kommt ihm hier eine präzise Rolle innerhalb eines alten Rituals zu, es verfügt über eine wundersame und göttliche Macht. Coca-Cola ist hier so etwas wie Brot und Wein. Ich glaube, dies ist der groteskeste Ausdruck der Globalisierung, der mir bekannt ist. Ich würde gern sagen, der ganzen Welt, aber da ich noch nicht überall war, kann ich nur sagen, der Welt, die ich kenne.

Streetfood

In der Geografie der Emotionen nimmt das Streetfood einen besonderen Platz ein, denn es ist in praktisch allen Ländern der Welt Bestandteil des Alltags. Es ist ein Bindeglied zwischen Menschen aller Schichten und aller Gesellschaftsformen. Die Straße ist ein Ort der Begegnung, oft wird sie zum Restaurant des Viertels. Das Essen sorgt dabei dafür, Menschen zusammenzubringen, sie darin zu bestärken, zu erkennen, wer sie sind und was ihnen wichtig ist. Streetfood hat sich mittlerweile von sämtlichen Vorurteilen befreit und fordert den ihm gebührenden Platz als Ausdruck kulinarischer Zivilisation ein. Darüber hinaus wird Streetfood nicht mehr als das gesehen, was es eigentlich ist, sondern vielmehr als eine gute Alternative zu einfacher Hausmannskost oder einer formellen Mahlzeit. Vor allem unter jungen Menschen hat das Phänomen Streetfood bewirkt, dass traditionellen Speisen, die jahrelang eher als ärmlich und ungesund galten, heute ein höherer Stellenwert eingeräumt wird. Moderne Imbissbuden sind vergleichbar mit Take-away-Restaurants, ein Marketingphänomen, das einmal mehr auf der Modewelle

↑
Graffiti und Käse – ein Schriftzug, der zwei offensichtlich völlig unzusammenhängende Dinge verbindet

schwimmt. So nimmt der Volksglauben allerorten eine neue Erscheinungsform an und schafft dabei, auf die eine oder andere Weise, eine starke Verbindung zu den kulinarischen Gewohnheiten vergangener Zeiten. Wenn wir heute ein Gericht der Straßenküche essen, verleihen wir alten Gefühlen neue Bedeutungen. Und auf der Straße zu essen bedeutet oft auch, mit den Händen zu essen. Und natürlich im Stehen. Immer hat man es dabei zu tun mit etwas, das fettig ist oder saftig und einfach Genuss bedeutet. Etwas, das allzu oft tropft und, wenn man Pech hat, auf der Kleidung landet und hartnäckige Flecken verursacht. Und so wird Streetfood meist mit jener unverwechselbaren, leicht nach vorn gebeugten Körperhaltung gegessen. Es ist die gleiche Haltung, die man ebenso in einer belebten Straße in New York City sehen kann, wo die Straßenhändler Hotdogs verkaufen, die mit vier Bissen verschlungen sind, oder in den Gassen von Palermo, wenn man das Glück hat, auf jemanden zu stoßen, der *pani câ meusa*, Brötchen mit Milz, anbietet.

INTERNATIONALES STREETFOOD

Hot Dog

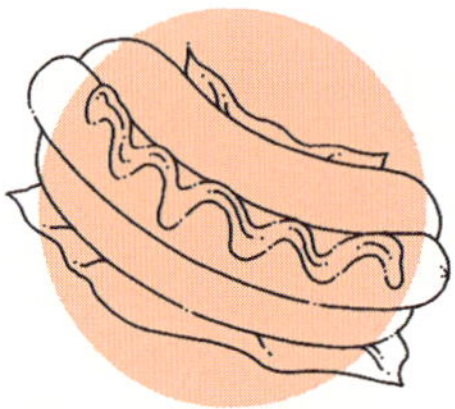

USA

Fish and Chips

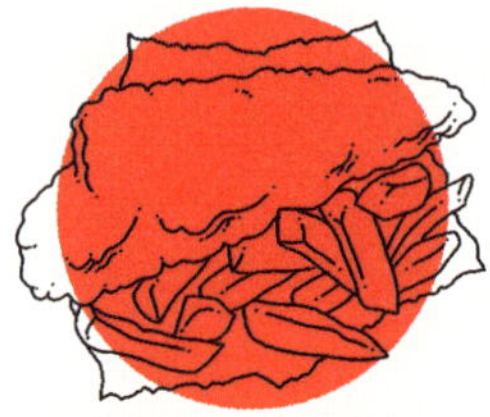

GROSSBRITANNIEN

Gelato

ITALIEN

Tacos

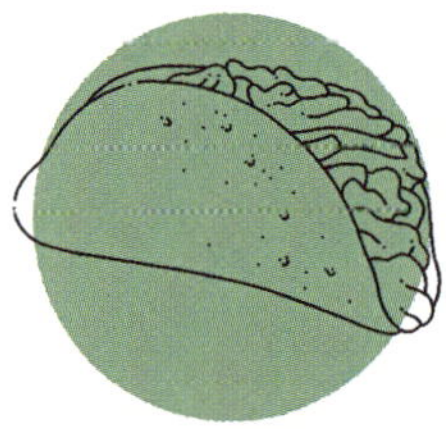

MEXIKO

Döner Kebab

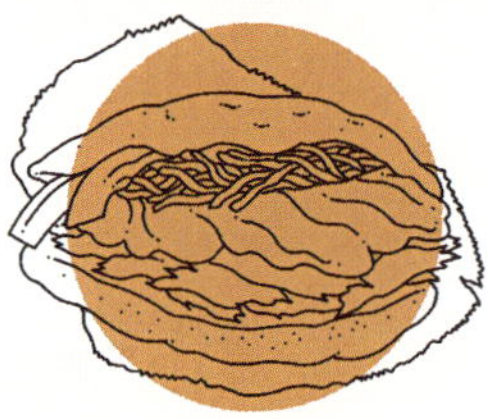

TÜRKEI

Currywurst

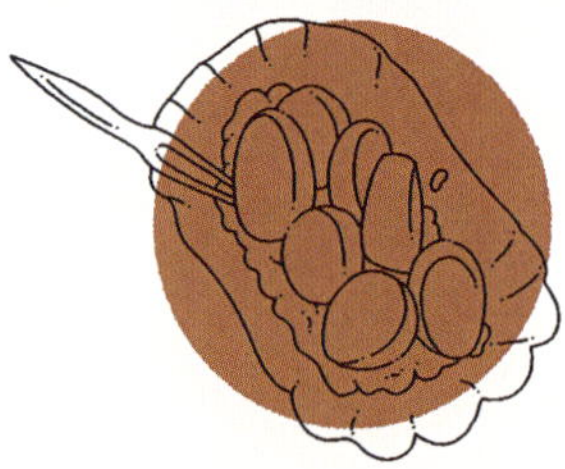

DEUTSCHLAND

Crêpe

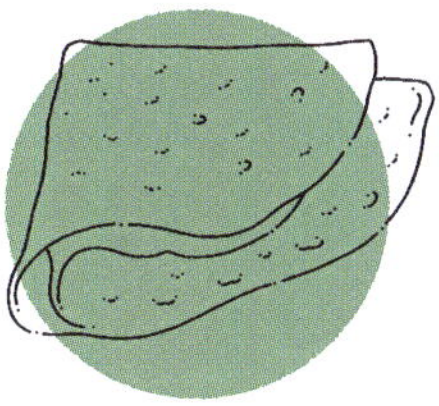

FRANKREICH

Satay

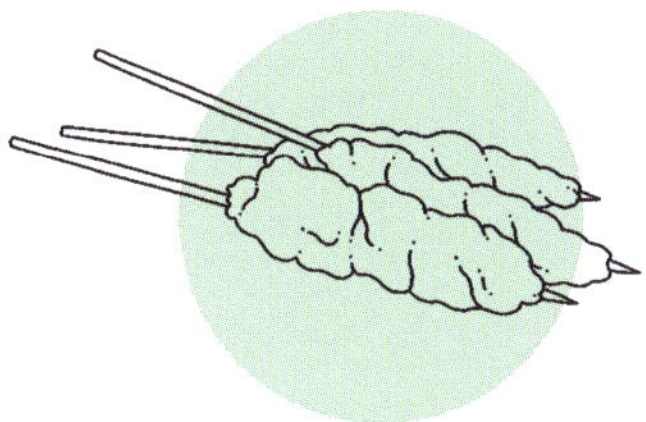

INDONESIEN

Kati Roll

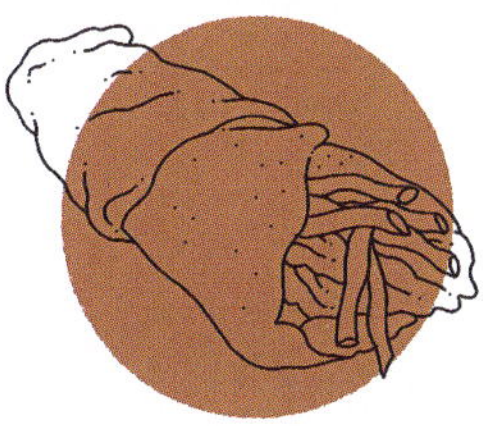

INDIEN

Tanghulu

CHINA

Bunny Chow

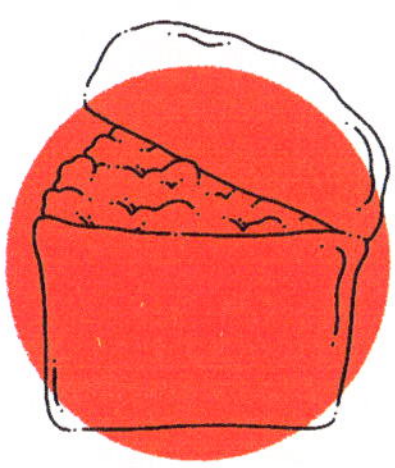

SÜDAFRIKA

Chichinga

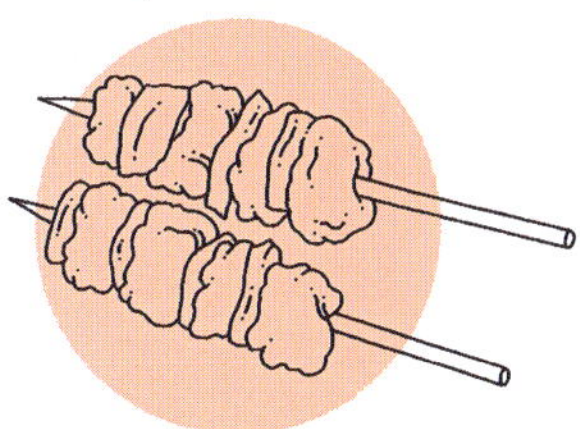

GHANA

EMOTIONEN

ESSEN PRIVAT, ESSEN KOLLEKTIV

Es gibt ein kollektives Essen,
einen Erfahrungsschatz, der uns alle betrifft,
und es gibt ein persönliches Essen,
eine subjektive Realität, die in gewisser Hinsicht
nicht kommunizierbar und tief in unserem
verborgensten Ich verwurzelt ist.
Am besten über diese intime Seele sprechen
konnte Marcel Proust.

Einer der meistzitierten Texte in der kulinarischen Literatur ist sein Werk *Die Suche nach der verlorenen Zeit.* Dabei handelt er gar nicht ausschließlich vom Essen. Genauer gesagt geht es um den Abschnitt, in dem der Schriftsteller einen Nachmittag beschreibt, den er damit verbringt, Tee zu trinken und Madeleines zu essen, deren Geschmack ihn in die Kindheit katapultiert und eine ganze Reihe von Erinnerungen und Gefühlen auslöst. Eine der erstaunlichen Fähigkeiten des Essens ist es, Emotionen und Gefühle hervorzubringen. Sehnsucht, Trost, Genuss sind einige der Empfindungen, die Essen auslösen kann. Diese werden zwar nicht direkt durch den Geschmackssinn verursacht, setzen aber durch ihn Rezeptoren frei, die auf unseren Gemütszustand wirken.

Die Sehnsucht nach einer verlorenen Zeit, die Erinnerung an einen erlebten Ort, an tröstliche Gefühle oder an Empfindungen, die mit bestimmten Momenten verbunden sind, in denen Essen präsent war, das den Rahmen, die stumme Kulisse eines unwiederholbaren Moments oder eines immer gleichen Rituals bildete. Wenn auch die Zeit nicht zurückkehrt, die Orte sich, ebenso wie die Menschen, verändern, das Essen verändert sich nicht. Es hat die Fähigkeit, uns in die Vergangenheit schweifen zu lassen, uns zu erinnern, eine Situation, wo möglich, nachzubilden, und wird so, aus einer stummen Nebenrolle heraus, zum Kern eines Gefühls.

Das Essen ist etwas Universelles und zugleich Persönliches. Gefühle sind für jeden anders, aber jeder, auf jedem Breitengrad, weiß, was Sehnsucht, Verlangen, Zärtlichkeit, Liebe und Trost ist. Sehr oft können wir, wenn es nicht gelingt, die Bedeutung der Gefühle in Worte zu fassen, diese über das Essen ausdrücken.

Die erste Mahlzeit

Überall auf der Welt beginnt man den Tag mit einer Mahlzeit, denn diese liefert dem Körper Energie. Das Frühstück ist sicherlich die intimste und privateste Mahlzeit. Weil man vielleicht im Schlafanzug frühstückt, auf die Schnelle, mit ungekämmten Haaren. Weil man noch verschlafen ist und keine Lust hat, zu reden. Das Frühstück sagt viel über uns aus, mehr als jede andere Mahlzeit. Wir neigen dabei weniger zu Experimenten, haben Gewohnheiten, die wir – zu einer so frühen Tageszeit – nicht bereit sind zu ändern. Man stellt hohe Ansprüche an das Frühstück, dem bei der Vorbereitung auf den Tag eine wichtige Rolle zukommt.

→
»Frühstücken wie ein Kaiser, mittagessen wie ein König, abendessen wie ein Bettler«, empfiehlt ein altes Sprichwort.

Beim Frühstück spaltet sich die Welt in zwei Fraktionen, auf der einen Seite die, die ein süßes Frühstück bevorzugen, auf der anderen die, die den Tag lieber herzhaft beginnen. Zudem ist es eine Frage der Zeit und Muße. In den südlichen Ländern wie Spanien, Frankreich und Italien ist das Frühstück schnell erledigt, woanders dagegen – etwa in Deutschland oder Großbritannien – erfordert es mehr Zeit. Ein intimes, identitätsstiftendes und nationales Frühstück also. Wie A. A. Gill in seinem Buch *Breakfast at the Wolseley* (2008) schrieb: »Es gibt nur wenige Dinge, die so fremdenfeindlich sind wie das Frühstück.«

EINE REISE AN DIE FRÜHSTÜCKSTISCHE DER WELT

ÄGYPTEN	Die ägyptische Version des morgendlichen Omeletts heißt *eggah* und kann mit Hähnchen- oder Lammfleisch oder verschiedenen Gemüsesorten wie Auberginen, Lauch, Spinat und Zucchini gefüllt sein. Gewürzt wird es mit Kurkuma, Kreuzkümmel, Muskatnuss, Zimt oder frischen Kräutern, dann wie Kuchen in Stücke geschnitten und sowohl warm als auch kalt gegessen.
AUSTRALIEN	Die Australier lieben Vegemite, eine herzhafte Streichpaste aus Hefeextrakt, die dem britischen Marmite ähnlich ist, so sehr, dass sie es jeden Tag essen. Außerdem viel Obst, und manchmal gönnt man sich ein komplettes englisches Frühstück.
BRASILIEN	Hier fängt man den Tag gern mit etwas Kräftigem und Herzhaftem an: Kaffee und Milch zu Brot, Schinken oder Käse und Obst. Manchmal kommt auch eine *feijoada*, eine sämige Suppe auf der Basis von schwarzen Bohnen und Fleisch, auf den Tisch.
CHINA	Das Frühstück ist von Region zu Region sehr unterschiedlich, allgemein beliebt sind jedoch *youtiao*, kleine frittierte Teigstangen, und Sojamilch oder *dim sum* und *congee*, gesalzener Reisbrei.
DEUTSCHLAND	Manchmal ist das Frühstück süß, mit Brot und Marmelade, häufiger jedoch herzhaft mit Brot, Aufschnitt und Käse.
FRANKREICH	Das traditionelle Frühstück besteht aus Kaffee und Baguette mit Butter und Marmelade oder dem berühmten Croissant. Wie die Kubaner tunken auch die Franzosen ihr Brot gerne in den Kaffee.
GROSSBRITANNIEN	Berühmt ist das kalorienreiche, sättigende englische Frühstück auf der Basis von Eiern, Bacon und, in der Version *full breakfast*, Würstchen, Bohnen, Pilzen und Toast mit Butter. Dazu trinkt man Tee, Kaffee und Orangensaft.

INDIEN	In Südindien (und auch in Sri Lanka) isst man *idli* zum Frühstück – kleine gedämpfte Küchlein aus Reis und Linsen. Ziemlich überall beliebt sind *dosa*, eine Art herzhafte Pfannkuchen aus Reis und Bohnen. Außerdem Brot, beispielsweise *roti*, und dazu Soßen und Chutneys.
JAMAIKA	*Ackee and saltfish*, das jamaikanische Nationalgericht, wird tatsächlich zum Frühstück serviert. *Ackee* ist eine auf der Insel heimische Frucht, die gegart an Rührei erinnert. *Saltfish* ist gesalzener und getrockneter Fisch, meist Kabeljau, der eingeweicht und in der Pfanne gebraten wird. Dazu kann es gebratene Kochbananen und frisches Obst geben.
JAPAN	Zu einem traditionellen Frühstück gehört Misosuppe, gedämpfter Reis, eingelegtes Gemüse, Fisch und *tamagoyaki*, ein typisch japanisches Omelett.
KOLUMBIEN	Grundlage des Frühstücks ist *arepa*, ein leicht gesüßter Brotfladen aus Maismehl, der einfach mit Butter und Marmelade oder mit Eiern oder Fleisch verzehrt wird. Dazu trinkt man Kaffee und Kakao.
KUBA	Das typische kubanische Frühstück besteht aus *tostada*, gebutterte und geröstete Brotscheiben – manchmal mit Käse gefüllt –, die oft in Milchkaffee getunkt werden.
MEXIKO	Üppiges Frühstück mit Gerichten wie *chilaquiles* (Mais-Tortillas mit verschiedenen Soßen und Fleisch) und *huevos rancheros* (Tortilla mit Spiegeleiern und Soßen), die vor allem in ländlichen Gegenden gegessen werden.
RUSSLAND	Frühstück mit herzhaften Kuchen, *syrniki* (eine Art Pfannkuchen), gefüllt mit Schichtkäse, *blini* aus Kefir oder *oladi*, dicke und luftige Pfannkuchen, die mit Marmelade, Honig, Kondensmilch oder mit *smetana* (russischer Sauerrahm) gegessen werden. Und dann gibt es noch das dem Porridge ähnelnde *kasha* aus Hafer oder Buchweizen.
TÜRKEI	Ein traditionelles Frühstück besteht aus Brot, Käse, Butter, Oliven, Eiern, Tomaten, Gurken, Marmelade, Honig und *kaymak* (ein süßlich-cremiger Käse, den man überall auf dem Balkan findet). Auch *sucuk*, eine scharfe türkische Wurst, und türkischer Tee können dazugehören.

Das italienische Frühstück hat keine italienischen Wurzeln

Den Italienern zufolge gibt es eine unfehlbare Methode, im Restaurant sofort den Touristen zu erkennen: Er bestellt nach dem Essen einen Cappuccino. Blanker Horror! Der Cappuccino wurde für das Frühstück erdacht, und wehe, man gönnt ihn sich zu anderen Zeiten. Eines der wenigen Dinge, in denen die Reihen der Italiener fest zusammenstehen, ist in der Tat das Frühstück. Abgesehen von einigen regionalen Ausnahmen steht es mehr als jede andere Mahlzeit für die italienische Identität. In einem Land, das sich rühmen kann, mehr als hundert Sorten Brot, Käse, Wurst und Pasta hervorgebracht zu haben, und dem es nicht gelingt, die traditionelle Küche zu katalogisieren, weil sie derart vielfältig ist (von einem *campanile* zum anderen streitet man hier um die authentische Version der Carbonara oder darüber, wer nun das Tiramisu erfunden hat), gibt es nur eine Sache, in der man sich einig ist: das Frühstück. Die überwiegend süße *colazione* besteht im Wesentlichen aus *caffè*, also Espresso, oder Cappuccino und einem *cornetto*. Ironie des Schicksals – keine dieser morgendlichen »Göttlichkeiten« ist italienischen Ursprungs. Dass der Kaffee der berühmteste Einwanderer ist, haben wir bereits gesehen, weniger bekannt ist die Geschichte des *cornetto*, der, wie es scheint, auf einen nächtlichen Angriff auf Wien während der Belagerung durch die Osmanen zurückgeht. Nur die Bäcker waren um diese Zeit wach und konnten Alarm schlagen, sodass die Invasoren zurückgedrängt werden konnten. Um diesen Erfolg zu würdigen, schuf man das halbmondförmige Kipferl (Vorfahre des französischen Croissants und des italienischen *cornetto*), um das Symbol der Belagerer zu verspotten, indem man es aß.

Das Frühstücksritual ist so standardisiert und verwurzelt, dass es eine jahrhundertealte Tradition zu sein scheint, dabei handelt es sich, wie Alessandro Marzo Magno in seinem Buch *Il genio del gusto* (2004) darlegt, um eine ziemlich junge Gewohnheit. »Der Cappuccino mit Schaum, an dem sich viele Italiener zum Frühstück erfreuen, ist ein Kind der Espressomaschinen in den Bars [...]. Vor dem Aufkommen dieser Maschinen – zu Beginn des 20. Jahrhunderts – konnte es keinen italienischen Cappuccino geben, höchstens *caffellatte*. Wie es aussieht, taucht das Wort gleichzeitig mit dem Espresso in der italienischen Sprache auf. Darauf lässt ein Wörterbucheintrag des Schriftstellers und Linguisten Alfredo Panzini aus dem Jahr 1905 schließen, in dem der Cappuccino als ›schwarzer Kaffee gemischt mit wenig Milch‹ definiert wird.«

→
Cappuccino und *cornetto* – Inbegriff des italienischen Frühstücks und dabei nicht einmal italienischen Ursprungs

Eine erste, unfreiwillige Vereinheitlichung des italienischen Frühstücks brachte im Ersten Weltkrieg die Ration der Soldaten mit sich, die aus Schokolade, Waffeln, Kaffee und Milch bestand. Bis etwa in die 1950er-Jahre blieb das Frühstück allerdings vorwiegend herzhaft und bestand aus den Resten vom Vorabend (Brot, das in Milch getunkt wurde, Käse, Eier, eben dem, was da war ...). Süßes war ein Luxus, der besonderen Anlässen vorbehalten war, und das mindestens bis in die 1960er-Jahre, als mit dem Wirtschaftsaufschwung Kekse, Streichcremes (Nutella gibt es seit 1964), Joghurt und fertig gekaufte Marmeladen (bis dahin kannte man nur hausgemachte), löslicher Malzkaffee und Kakaopulver Einzug in die Haushalte hielten. In den 1970er-Jahren tauchten Zwieback und Light-Produkte auf. Im darauffolgenden Jahrzehnt freundeten sich die Italiener zunehmend mit Vollkornprodukten und Ballaststoffen an, das Frühstück aber blieb süß. Die unbestrittene Hauptrolle spielen *caffè* (schwarz oder mit Milch, *ristretto* oder *lungo*, aus der heimischen Espressokanne oder in der Bar) und Cappuccino. Auch die Süßwarenindustrie hat einen beträchtlichen Anteil an der Vereinheitlichung des Frühstücks.

Der Mailänder Lebensmittelhersteller Tre Marie entwickelte in den 1980er-Jahren die ersten tiefgekühlten Hörnchen zum Aufbacken und belieferte damit die Bars im ganzen Land. So entstand die Gewohnheit, zum morgendlichen Kaffee einen warmen, duftenden *cornetto* zu essen. In den Privathaushalten dagegen festigte sich durch einprägsame Werbespots die Vorherrschaft von Mulino Bianco (eine zur Barilla-Gruppe gehörende und auf Snacks und Frühstücksprodukte spezialisierte Marke). Die Spots zeigten die perfekte Familie, die zum Frühstück industriell hergestellte Backwaren konsumiert.

Das Frühstück ist eine private Angelegenheit, vor allem für die Italiener. Grundsätzlich nimmt man die Mahlzeiten, sei es das Mittag- oder Abendessen, der Aperitif oder ein Imbiss, gerne gemeinsam ein. Das gilt jedoch nicht für das Frühstück. Man wird auch nicht zum Frühstück eingeladen, sondern nimmt es in den eigenen vier Wänden ein. Oder in der Bar, im Stehen und nicht, wie in den meisten anderen Ländern üblich, gemeinsam mit anderen am Tisch sitzend. Man ist hier eher seine eigene Tischgesellschaft. Die Italiener haben weder das englische Frühstück noch das amerikanische übernommen, nicht einmal die Mode des Brunchens. Wenn überhaupt, dann stößt man auf regionale, teils bizarre Leckereien, die im Vergleich zur unangefochtenen Hegemonie des *caffè* (oder *cappuccino*) und des *cornetto* fast exotisch anmuten: In Genua wird Focaccia in *caffellatte* getunkt, in Neapel isst man zum Espresso *sfogliatelle* mit Ricottacreme, in Sizilien *brioche col tuppo* (Hefebrötchen mit »Dutt«) mit Granita, in den Dolomiten gibt es Strudel zum Frühstück, im Piemont könnte es Zabaione und *krumiri* geben, eine Art Spritzgebäck, und in Sardinien findet man *seadas*, gebratene Tortelli mit Ricotta und Honig. Alles Ausnahmen, die lediglich eine Regel bestätigen, die nämlich, dass Italien morgens süß isst.

Das internationale Frühstück

Eine der erstaunlichsten Formen kulinarischer Synthese ist jene, die sich allmorgendlich in den großen internationalen Hotelketten beim sagenumwobenen internationalen Frühstück vollzieht. Ein räumlich-zeitlicher Spannungsbogen – so findet man Heringe und Marmelade, Rühreier und Äpfel, und das alles zubereitet in einer erzwungenen Geschmacksgemeinschaft, um alle zufriedenzustellen. Meist sind es traditionelle europäische, amerikanische und kantonesische Gerichte sowie hier und da Gerichte aus aller

Herren Länder. Mir sind schon dampfende Ricotta-Fritter neben duftenden Kaktusfeigen begegnet, Roggenbrot und gedämpfte, mit Rindfleisch gefüllte Ravioli, Lachs und Himbeermarmelade, Mandelmüsli und Räucherschinken, Bio-Eier und Kiwi, Aufschnitt und Schoko-Croissants, Pfannkuchen mit Ahornsirup, Honig und Butterklößchen. Außerdem Joghurt in allen erdenklichen Farben und Konsistenzen, Erdnussbutter, Haselnussöl, Guavensaft und Kapstachelbeeren, Salate aus Fenchel und Curry, Gorgonzola und Aprikosenkuchen, Kokosflocken und Trockenalgen, in Essig eingelegte Pflaumen und Radieschen, Pickles und Rindfleisch mit Ingwer, marinierte Auberginen, Shiitake-Pilze, gekochter, gebratener und gedämpfter Reis, Gnocchi, Brot, Brötchen, Fladen. Vanillemark und Balsamico-Essig, Bananenkuchen, Heidelbeermuffins und Dattelküchlein. Kurzum, eine kulinarische Weltreise am Frühstückstisch.

French Toast ist nicht französisch

Eine Bemerkung am Rande: Eines der besten Frühstücke meines Lebens bekam ich im kanadischen Montreal in einem im Retro-Stil der 1950er-Jahre eingerichteten Lokal mit laminierter Speisekarte, auf der neben den Namen der Gerichte auch jeweils ein schlecht gelungenes Foto abgedruckt war. Dort habe ich perfekt zubereiteten *French Toast* mit reichlich Ahornsirup gegessen. Und ich habe fälschlicherweise geglaubt, dies sei, wie die *soupe à l'oignon*, die Zwiebelsuppe, eine der herrlichen französischen Erfindungen. Damit lag ich allerdings völlig daneben. Die Ursprünge des *French Toast* sind unklar, sind aber eindeutig nicht französisch. Bei Apicius liest man von in Scheiben geschnittenem Brot, das mit Milch getränkt, in Fett ausgebacken und dann mit Honig bestrichen wurde. Länder, in denen viel Brot gegessen wird, bringen natürlich viele kreative Rezepte hervor, um auch altbackenes Brot noch gut zu verwerten. *French Toast* ist Resteverwertung, bei der sich Erfindergabe mit Einfallsreichtum und Fantasie gepaart hat. Und jedes Land hat seine eigene Bezeichnung für das Gericht. So nennt man es in Deutschland *Arme Ritter*, in Frankreich heißt es *pain perdu* (verlorenes Brot). In Spanien sagt man *torrija*, im Vereinigten Königreich *Poor Knights of Windsor* oder auch *eggy bread* (weil das Brot vor dem Ausbacken durch verquirlte Eier gezogen wird). *French Toast* sagt man vor allem in den Vereinigten Staaten, und mit Frankreich hat der Name rein gar nichts zu tun. Der Überlieferung nach soll 1724 ein gewisser Joseph French dieses Gericht in einer Taverne

←
French Toast oder Arme Ritter mit Früchten und reichlich Ahornsirup.

in Albany erfunden und es nach sich selbst benannt haben. Der angelsächsische Genitiv ist zwar mit der Zeit verloren gegangen (sonst hieße es heute noch *French's toast*), die Idee aber, Brotscheiben in Ei, Milch und Zucker zu wenden, in Butter zu braten und mit Ahornsirup zu servieren, hat sich erhalten.

Persönlich und auch ein wenig sentimental

Ich bin aufgewachsen in einem Lebensmittelladen, einem jener kleinen Geschäfte voller Geschichten der Sorte, die es heute kaum noch gibt. Ich erinnere mich daran, wie die Produkte in Papiertüten über die Theke gereicht wurden, ich erinnere mich an die vielen Beziehungen der Menschen untereinander und die mußevolle Zeit, die sie dort oft verbrachten. Ich denke immer wieder gern zurück an jenes Geschäft, in dem ich so oft war, umgeben von allen möglichen Lebensmitteln. Essen war immer Teil meiner Beziehungen und meiner Sicht auf die Welt. Als Kind filterte ich, eingeschlossen in jenem Laden, die Welt durch die Farben und Aromen der in den Regalen liegenden Esswaren. Daraus habe ich dann meinen Beruf gemacht. Noch immer stelle ich mir mit der gleichen Fantasie Geschichten vor und interpretiere die Welt durch das Essen. Es ist für mich die einzige Art, die Welt zu entdecken und Menschen zu begegnen.

Ich bin dem Essen dankbar dafür, dass es mir die Möglichkeit bietet, zu reisen, zu sehen, zu hören und zu kosten. Ich erinnere mich genau an den Geschmack eines Brötchens mit *pastrami* in Boston, an das erste *pastel de nata* in Lissabon und ebenso an das einzige Mal, als ich ein Essen abgelehnt habe. Es war in einer Township am Stadtrand von Kapstadt. Auf einem schmuddeligen Rost grillte eine Frau dicke Speckscheiben, die vor Fett nur so trieften. Sie wendete sie wieder und wieder, schließlich schaute sie mich an, lächelte mir zu und spießte mit der Spitze einer großen Gabel eine gut gebrutzelte Scheibe auf, die sie mir hinhielt. Ich lehnte angewidert ab und bereute es wenige Tage später, als ich nach einem Paté in einem eleganten Restaurant eine fürchterliche Lebensmittelvergiftung hatte. Das Essen hat mich gelehrt, keine Angst und erst recht keine Vorurteile zu haben. Es hat mich gelehrt, Ställe genauso wichtig zu nehmen wie Sterne: Einmal habe ich tatsächlich morgens – mit Kuhfladen am Fuß – eine Schweinezucht besichtigt und am selben Abend war ich – mit High Heels – in einem Sternerestaurant. Ich erinnere mich an Freundschaften, die in weit entfernten Hotels entstanden sind, während man, um nicht allein zu sitzen, gemeinsam gegessen hat, ich erinnere mich an erste Dates im Restaurant, aus denen Liebe wurde. Ich koche für Menschen, die ich mag, denn ich kann mir keine bessere, wirkungsvollere und direktere Art, Gefühle auszudrücken, denken. Und wenn ich mir vorstelle, ich könnte irgendwann gezwungen sein, zu fliehen, und würde mich am mir fremden Strand eines Meeres wiederfinden, möchte ich sicher sein, mir das Wohlwollen der Menschen dort erwerben zu können, indem ich etwas Leckeres von dem koche, was ich in meiner Heimat gelernt habe.

Wenn das Essen der Kompass ist, mit dem man sich in der Welt zurechtfindet, dann muss man notwendigerweise die zwischenmenschlichen Beziehungen, die Solidarität, das Spiel, den Sinn für das Schöne und Gute, die Freude am Geben ins Zentrum seines Denkens stellen. Es geht darum, alte und neue Kulturen immer wieder neu zu beleben und zu entdecken, welch ein Reichtum darin liegt, bei einem gemeinschaftlichen Mahl Beziehungen aufblühen zu lassen und immer wieder zum Blühen zu bringen.

Essen verschwindet.
Ich meine damit nicht Essen als Gewohnheit, Essen als Erinnerung, Essen als Biografie, Essen als Metapher, Essen als Trost, Essen als Liebe oder Essen im Sinne jener berühmten Madeleines, auf die sich Leute wie ich ständig beziehen, als hätten sie Proust gelesen, was meistens jedoch nicht stimmt. Ich meine Essen als Essen. Essen verschwindet.

Nora Ephron
Der Hals lügt nie.
Mein Leben als Frau in den besten Jahren — 2007

4 Anansing/Shutterstock
19 Stefano Scatà
21 Stefano Scatà
22 Stefano Scatà
26 Stefano Scatà
35 Stefano Scatà
37 PFMphotostock/Shutterstock
38 Peter Forsberg/Europe/Alamy/IPA
42 Brenna Huff/unsplash.com
47 Stefano Scatà
49 Aditya Romansa/unsplash.com
50 Mgg Vitchakorn/unsplash.com
53 Markus Spiske/unsplash.com
56 GoodEats YQR/unsplash.com
59 WR.lili/Shutterstock
60 Martina Liverani
60 Cai Wanhao/Shutterstock
63 zi3000/Shutterstock
71 Konstantin Kopachinsky/Shutterstock
72 Stefano Scatà
77 Stefano Scatà
80 WR.lili/Shutterstock
80 Bernd Schmidt/Shutterstock
80 Atsushi Hirao/Shutterstock
80 Dionisvera/Shutterstock
80 Zkruger/Shutterstock
80 Thanthima Lim/Shutterstock
81 AmyLv/Shutterstock
81 RomarioIen/Shutterstock
81 Various-Everythings/Shutterstock
81 RcriStudio/Shutterstock
81 Picture Partners/Shutterstock
81 Claudio Caridi/Shutterstock
83 Larisa Blinova/Shutterstock
86 Ivana Cajina/unsplash.com
89 jbutcher/Shutterstock
91 jkcDesign/Shutterstock
93 Dima Sobko/Shutterstock
95 Marco Poderi
95 Tyler Nix/unsplash.com
97 Roberto Taddeo
99 Martina Liverani
100 Courtesy of Jetmir Maliqi · @jetmir.barista
111 Africa Studio/Shutterstock
113 Thomas Marban/unsplash.com
113 Bianca Bonifacio/unsplash.com
116 Mariana Alija/Getty Images
121 Stefano Scatà
122 stockcreations/Shutterstock
127 Casa Artusi www.casartusi.it
129 Brent Hofacker/Shutterstock
131 B.G. Photography/Shutterstock
133 Roberta Sorge/unsplash.com
138 Andy Holmes/unsplash.com
143 Ehud Neuhaus/unsplash.com
148 Bottarga Borealis
157 Tochim/Shutterstock
161 Olga Nayashkova/Shutterstock
162 JR.ART.NET
166 Alexandros Michailidis/Shutterstock
168 Mondadori Portfolio/mauritius images/Daniel Kempf-Seifried
171 Vladislav Noseek/Shutterstock
175 Charles Deluvio/unsplash.com
175 Daniel Horvath/unsplash.com
175 Derek Duran/unsplash.com
175 Giselle Herrera/unsplash.com
175 Giulia May/unsplash.com
175 Jenn Kosar/unsplash.com
175 Markus Winkler/unsplash.com
175 Pinar Kucuk/unsplash.com
175 Robin Stickel/unsplash.com
175 Rebecca Hansen/unsplash.com
175 Spenser Davis/unsplash.com
175 Thanos Pal/unsplash.com
175 Joseph Gonzalez/unsplash.com
176 Marek Slusarczyk/Alamy/IPA
179 Rawkkim/unsplash.com
180/181 Rawpixel.com/Shutterstock
189 apolonia/Shutterstock
191 Javier Catano Gonzalez/Shutterstock
194 stockphoto mania/Shutterstock
203 Luna Ferrari
205 Jose Cabezas/Reuters/Contrasto
208 Pupae/Shutterstock
214 Marco Varoli
219 AKG-Images/Mondadori Portfolio
221 Roberto Taddeo
224 Mario Mesiglio/unsplash.com
227 Melissa Walker/unsplash.com
231 Marialaura Gionfriddo/unsplash.com
234 Joseph Gonzalez/unsplash.com
236 vm2002/Shutterstock

DANK

Dieser Atlas ging in Druck in der Zeit des Lockdowns während der Corona-Epidemie 2020. Daher erfolgten die letzten unschätzbaren Überarbeitungen und Korrekturen über Telefonkonferenzen mit Chiara, Alessandro und Martina, denen ich von Herzen danken möchte.

Ich danke Cristina Sartori und dem Tag, an dem sie die Idee hatte. Ein Buch zu schreiben, das über die ganze Welt spricht, und dabei im Haus eingeschlossen zu sein, hat seltsame Auswirkungen. Mich hat es noch dankbarer werden lassen für all die Reisen, die ich gemacht habe, all die Küchen, die ich kennengelernt habe, die Begegnungen, die meinen Gaumen angeregt haben, und die Geschichten, die mir erzählt wurden. Ich danke allen, die es mir immer ermöglicht haben zu reisen, angefangen von meinen Eltern, und allen, die mich sonst über die Jahre begleitet haben. Außerdem möchte ich all jenen Autoren danken, die mich in ihren Texten in Länder mitgenommen haben, die ich nie selbst bereist habe, und die in mir die Unruhe entfachen, die mich seit jeher treibt und die beste Reise- und Tischgefährtin ist, die man sich denken kann.

DIE AUTORIN

Martina Liverani ist Autorin und Foodjournalistin. 2013 gründete sie die Zeitschrift *Dispensa* (»Speisekammer«), die in Italien, Europa, den USA und Japan erscheint und 2017 den »Gourmand World Cookbooks Award« als bestes Kulinarikmagazin in Italien und als zweitbestes der Welt erhielt. Liverani schreibt unter anderem für *La Repubblica*, eine der wichtigsten italienischen Tageszeitungen.

QUESTO LIBRO È STATO TRADOTTO GRAZIE AD UN CONTRIBUTO ALLA TRADUZIONE ASSEGNATO DAL MINISTERO DEGLI AFFARI ESTERI E DELLA COOPERAZIONE INTERNAZIONALE ITALIANO.

DER VERLAG DANKT DEM ITALIENISCHEN MINISTERIUM FÜR AUSWÄRTIGE ANGELEGENHEITEN UND INTERNATIONALE KOOPERATION, DAS DIE ÜBERSETZUNG DIESES BUCHES GEFÖRDERT HAT.

Layout: Martina Toccafondi
Illustrationen: Alessandro Cripsta (Visionar Agency)

Titel der italienischen Originalausgabe: *Atlante di geogastronomia*
Autorin: Martina Liverani
Illustrationen von Alessandro Cripsta
Published for Mondadori Electa
By Mondadori Libri S.p.A.

Deutsche Erstausgabe

Ein Unternehmen der Média-Participations

Projektleitung: Ellen Venzmer, Knesebeck Verlag
Übersetzung: Britta Köhler, Claudia Theis-Passaro, Heidelberg
Lektorat: Barbara Holle, Leipzig
Umschlagadaption: Leonore Höfer, Knesebeck Verlag
Satz: Akademischer Verlagsservice Gunnar Musan
Herstellung: Arnold & Domnick, Leipzig
Druck: PNB Print Ltd.
Printed in Latvia

ISBN 978-3-95728-680-2

www.knesebeck-verlag.de

MIX
Papier | Fördert gute Waldnutzung
FSC® C084698